A
THIRD-CENTURY PAPYRUS CODEX
OF THE EPISTLES OF PAUL

EDITED BY

HENRY A. SANDERS
UNIVERSITY OF MICHIGAN

WIPF & STOCK · Eugene, Oregon

Wipf and Stock Publishers
199 W 8th Ave, Suite 3
Eugene, OR 97401

A Third Century Papyrus Codex of the Epistles of Paul
By Sanders, Henry A.
ISBN 13: 978-1-4982-3202-9
Publication date 6/5/2015
Previously published by University of Michigan Press, 1935

A THIRD-CENTURY PAPYRUS CODEX OF
THE EPISTLES OF PAUL

To
MY WIFE

PREFACE

WHEN work was begun on this volume nearly two years ago, I hoped to make a fairly complete, if not final, study of this fragmentary papyrus codex. For that reason I asked Sir Frederic Kenyon for permission to reprint from his publication the text of the ten leaves of the manuscript owned by Mr. A. Chester Beatty. Not only was this permission most kindly granted, but soon after proof sheets of the text were sent to me, so that I might have all the text before me in my preliminary studies. However, as work progressed it became ever more certain that I was dealing with few, if any, more than half of the leaves of this papyrus which have escaped the decay and deterioration of its long burial. As there seemed no hope of the remaining leaves being obtained by the University of Michigan, it became necessary to change the original plan and to issue what is confessedly only a partial edition of this oldest and most valuable of the manuscripts of the Epistles of Paul. Under these circumstances an early publication seemed more in place than too extended a compilation of introduction and notes.

It is hoped that the brief introduction will point out the more striking characteristics of the manuscript and its text, and that the collation of the Textus Receptus added at the bottom of each page will assist those interested in finding the important variants of the papyrus codex. Further help of this character is given in the two indexes.

I realize that a list of all the important variants of this oldest text of Paul should have been included, together with the addition of all known authorities for each variant, but it seemed unwise to expand to such an extent a book which I sincerely hope will soon be superseded by an edition of the complete manuscript. To the scholar who may fortunately obtain the opportunity of publishing the remaining leaves of this old codex I shall be glad to grant the same freedom to republish the Michigan leaves which Sir Frederic gave me in respect to the Beatty leaves.

I am much indebted to several of my colleagues for assistance rendered and advice given. Mrs. Elinor Husselman of the staff of the University Library mounted between glass plates the very fragile papyrus leaves; Mr. H. C. Youtie, Research Associate in Papyrology, added valuable comments while reading the galley proofs of the volume; Professor J. G. Winter gave me his helpful criticism on the introduction, while it was still in manuscript form; and Dr. E. S. McCartney, Supervising Editor of the Humanistic Series, has given much of his time and rare judgment to make this volume comparable with the others of the series.

For financial assistance, grateful acknowledgment is made to the Institute of Archaeological Research of the University of Michigan, and to the great philanthropic organization which contributes to its funds for research and publication.

H. A. S.

ANN ARBOR
January 12, 1935

CONTENTS

LIST OF PLATES

THE LOCATION OF THE PARTS OF THE CODEX

The leaves of this papyrus codex of the Epistles of Paul which have up to this time been located are found in the collections of Mr. A. Chester Beatty, of London, and of the University of Michigan. In the following pages it is published as one manuscript, but its numbered pages are divided between the two libraries as follows:

[IΔ] to KΘ = P. Beatty 2

Λ to PΞZ = P. Mich. 222

PO[H] to [PϘΓ] = P. Beatty 2

I HISTORY OF THE MANUSCRIPT

THE Michigan papyrus of the Epistles of Paul bears the inventory number 6238. It belongs to the find purchased in large part by Mr. A. Chester Beatty during the years 1930 and 1931 and first described in the *Times* of November 19, 1931. A full description of the New Testament part of this collection has been given by Sir Frederic Kenyon in *The Chester Beatty Biblical Papyri*, Fasc. I–III, London, 1933–34.[1]

With the publication of the details of this find in November, 1931, it was learned that the University of Michigan had obtained six leaves each of two of the Beatty manuscripts and numerous fragments of two others in its papyrus purchases of the preceding two years.[2] In the winter of 1932–33 twenty-four more leaves of the papyrus of the Epistles of Paul were obtained in London.

As the publication of ten leaves of the same manuscript was already in preparation by Sir Frederic Kenyon, the editing of our leaves was delayed so as to include the whole of the extant portion of the Pauline Epistles. Also it seemed certain that as much more of this manuscript must be preserved in some Egyptian dealer's hands and there was hope that it might come on the market soon. That hope has thus far proved illusive, and it has not seemed fair to other scholars to delay the publication of our leaves longer. Someone else may be more fortunate and complete the publication. I shall discuss below the number and content of the leaves which seem to be still in the hands of Egyptian dealers.

Certain statements by Sir Frederic Kenyon, to which no further evidence can be added, may be repeated here. The papyrus has been given the number P⁴⁶ by von Dobschütz. The

---

[1] Compare *Journal of Egyptian Archaeology*, XX (1934), 86, for other articles on the Beatty Papyri; also E. R. Smothers, "Les Papyrus Beatty de la Bible grecque," *Recherches de science religieuse*, XXIV (1934), 12–14; 467–472; H. Lietzmann, "Zur Würdigung des Chester-Beatty-Papyrus der Paulusbriefe," *Sitzungsberichte der preuss. Akad. der Wissenschaften, Phil.-hist. Klasse*, XXV (1934), 774–782.

[2] Compare C. Bonner, *Harvard Theological Review*, XXV (1932), 205–206.

entire manuscript forms a single quire, in which the verso side of the leaf precedes the recto in the first half and the recto precedes the verso in the second half. Each page was numbered in the center of the upper margin, and both numbering and text began on the inside or recto of the first leaf. Therefore on each succeeding leaf the even-numbered page preceded the odd-numbered. This conclusion is amply confirmed by the Michigan leaves, where the page numbers are preserved on every page.

I. FORM AND SIZE OF MANUSCRIPT, PAGE NUMBERS, LINES, ETC.

The Michigan portion of the Beatty manuscript of the Epistles of Paul consists of thirty leaves, all from the middle part between the two series of Beatty fragments, but not continuous. The page numbers and contents of the thirty leaves are as follows:

Λ	Rom. XI, 35	–XII, 9
ΛΑ	Rom. XII, 11	–XIII, 1
ΛΒ	Rom. XIII, 2	–XIII, 11
ΛΓ	Rom. XIII, 12	–XIV, 8
ΛϚ	Rom. XV, 11	–XV, 19
ΛΖ	Rom. XV, 20	–XV, 29
ΛΗ	Rom. XV, 29	–XVI, 3
ΛΘ	Rom. XVI, 4	–XVI, 13
Μ	Rom. XVI, 14	–XVI, 23
ΜΑ	Rom. XVI, 23	–Hebr. I, 7
ΜΒ	Hebr. I, 7	–II, 3
ΜΓ	Hebr. II, 3	–II, 11
ΜΔ	Hebr. II, 11	–III, 3
ΜΕ	Hebr. III, 3	–III, 13
ΜϚ	Hebr. III, 13	–IV, 4
ΜΖ	Hebr. IV, 4	–IV, 14
ΜΗ	Hebr. IV, 14	–V, 7
ΜΘ	Hebr. V, 8	–VI, 4
Ν	Hebr. VI, 4	–VI, 13
ΝΑ	Hebr. VI, 13	–VII, 1
ΝΒ	Hebr. VII, 2	–VII, 10
ΝΓ	Hebr. VII, 11	–VII, 20
ΝΔ	Hebr. VII, 20	–VII, 28
ΝΕ	Hebr. VII, 28	–VIII, 8
ΝΗ	Hebr. IX, 10	–IX, 16
ΝΘ	Hebr. IX, 18	–IX, 26
ΟΗ	I Cor. II, 3	–II, 11
ΟΘ	I Cor. II, 11	–III, 5
ΡΛϚ	II Cor. IX, 7	–X, 1
ΡΛΖ	II Cor. X, 1	–X, 11
ΡΛΗ	II Cor. X, 11	–XI, 2
ΡΛΘ	II Cor. XI, 3	–XI, 10

PM	II Cor. XI, 12 –XI, 21
PMA	II Cor. XI, 23 –XI, 32
PMB	II Cor. XI, 33 –XII, 9
PMΓ	II Cor. XII, 10–XII, 18
PMΔ	II Cor. XII, 18–XIII, 5
PME	II Cor. XIII, 5–XIII, 13
PMϚ	Eph. I, 1	–I, 11
PMZ	Eph. I, 12	–I, 20
PMH	Eph. I, 21	–II, 8
PMΘ	Eph. II, 10	–II, 20
PN	Eph. II, 21	–III, 10
PNA	Eph. III, 11	–IV, 1
PNB	Eph. IV, 2	–IV, 14
PNΓ	Eph. IV, 15	–IV, 25
PNΔ	Eph. IV, 26	–V, 6
PNE	Eph. V, 8	–V, 25
PNϚ	Eph. V, 26	–VI, 6
PNZ	Eph. VI, 8	–VI, 18
PNH	Eph. VI, 20	–Gal. I, 8
PNΘ	Gal. I, 10	–I, 22
PΞ	Gal. I, 23	–II, 9
PΞA	Gal. II, 12	–II, 21
PΞB	Gal. III, 2	–III, 15
PΞΓ	Gal. III, 16	–III, 29
PΞΔ	Gal. IV, 2	–IV, 18
PΞE	Gal. IV, 20	–V, 1
PΞϚ	Gal. V, 2	–V, 17
PΞZ	Gal. V, 20	–VI, 8

The papyrus is fairly strong but considerably darkened by age. The individual leaves measure from $8\frac{1}{8}$ to 9 inches (21.5 to 23 cm.) in length and from $5\frac{3}{8}$ to 6 inches (13.5 to 15.2 cm.) in width. All leaves are now detached from their mates in the quire though doubtless united when found, as can be seen from the Beatty leaves. The first section of thirteen leaves is somewhat better preserved at the bottom than the later section and than the Beatty leaves. Either one or two entire lines are lost at the bottom of these pages except pages MB and NΓ, which preserve some portion of every line at the bottom. In the later portion of the manuscript from two to four lines are lost on every page except PME, where the page was shorter because an Epistle ended there, and so nothing is wanting. I have restored one page, PNH, with five lines missing at the bottom, but it is more likely that there was an omission of two lines by homoioteleuton and that only three lines of the papyrus page have been destroyed.

The column of writing varies a good deal on different pages. The width averages $4\frac{1}{2}$ inches (11.5 cm.); the narrowest measures 4 inches (10.3 cm.); the widest, 5 inches (12.6 cm.). The height varies from 7 inches (17.8 cm.) up to nearly 8 inches (20.3 cm.). The upper margin averages $1\frac{3}{8}$ inches (3.5 cm.) in width, where fully preserved; the outer margin varies from 1 inch to $1\frac{3}{16}$ inches (2.5 to 3 cm.). The inner margin seems regularly to have suffered some loss in cutting the leaves apart, so that few leaves equal the $\frac{1}{2}$ inch (1.3 cm.) measurement of the Beatty leaves on the binding edge; yet two pages approximate $\frac{5}{8}$ inch (1.7 cm.) width on the binding edge. The original size of the column of writing must have varied from $7\frac{1}{2}$ inches to a little over 8 inches (19 to 20.5 cm.) in height. If the bottom margin is reckoned as equal to the top, the original size of the leaf must have been about 11 inches (28 cm.) in height by 6 inches (15.2 cm.) in width, or 11 by 12 inches (28 by 30.5 cm.) for the double leaf.

The number of lines to a page varies from twenty-five to twenty-eight in the first portion and from twenty-eight to thirty-one in the later portion; thirty-two lines are possible on a later Beatty leaf. Yet the variation from page to page is slight, usually but a single line. Variation between the verso and recto of the same leaf occurs thirteen times, and once, pages PNΔ and PNE, there are two lines more on the verso than on the recto. Pages containing a title are irregular and hence omitted from these figures. Not only does the second portion of the manuscript have regularly more lines to the page than the first portion but there is a progressive increase in the second part. Twenty-nine lines are first reached on page PΛZ; thirty on PMΘ and thirty-one on PNϚ. None of the last thirteen pages has less than thirty lines.

There was no attempt on the part of the scribe to make the column of writing on one side of a leaf fall exactly opposite the writing on the other side. In extreme cases the column of writing on one side approximates two lines higher than on the other. There was no ruling or counting of lines. Each page was written to produce a block of writing that would leave approximately the same margins. Yet the scribe was so well trained in his method that the variation in number of lines and in placing was generally slight.

The number of letters to a line varies much even on the same page, the extreme limits for the manuscript running as low as twenty-five letters and as high as forty. Also in general even-numbered pages have longer lines than odd-numbered, that is, verso than recto in the first half of the manuscript, and recto than verso in the second part. It seems that the scribe knew the difficulty of reading those line ends that came too near the binding center in a single quire manuscript. At any rate lines running in toward the center less often reach beyond the proper line limit as established by the line beginnings in the column of writing on the opposite side of the page. In the first part of the manuscript even-numbered pages average well above thirty letters to the line, while the lines of odd-numbered pages seldom reach thirty letters. Toward the end of the manuscript the length of line increases on the average and sometimes reaches forty letters to the line in the broader columns.

2. ORIGINAL CONTENTS AND ORDER OF EPISTLES

On the basis of the scanty material then available Sir Frederic Kenyon drew the proper conclusion that the manuscript originally contained all of the major Epistles of Paul together with the Epistle to the Hebrews on from 100 to 104 leaves. He thought the Pastoral Epistles were omitted, though there would then have been a few blank pages at the end of the manuscript.

Even with the thirty Michigan leaves the material is not sufficient for a final decision on both these questions, but there is enough to warrant a renewed study.

Of the ten leaves in the Beatty Collection, eight are joined in four pairs; the other two were so joined originally. On the first five leaves there are six page numbers running from K (= 20) to KΘ (= 29), while on the last five leaves only the page number on the first of the ten pages is preserved and that is fragmentary. It reads PO (= 170) with a part of the O missing. Therefore another letter may have followed. The first page of a leaf always had an even number, so the possibilities here are PO[B],

PO[Δ], PO[Ϛ], and PO[H], as well as PO. At the beginning of the manuscript Sir Frederic establishes a loss of seven leaves. The first page of the first leaf was blank and unnumbered. After the first Beatty leaf two leaves were lost and after the second Beatty leaf another leaf failed. As the Beatty leaves are joined in pairs an equal number of leaves were lost at the end of the manuscript. To this evidence given by Sir Frederic we may now add the Michigan evidence. All of the Michigan leaves have preserved the original page numbers running with long gaps from Λ (= 30) to PΞZ (= 167). All of the Michigan leaves have been cut apart from their quire mates, but with the aid of the page numbers, the portions of text covered, and especially the matching of stains and fibers in the papyrus, it is possible to restore exactly the original arrangement. This is shown in the following table. The order of the text is found by reading down in the first column and up in the second. The page numbers of lost leaves are given in Arabic numerals, enclosed in square brackets together with enumeration of the text covered. Greek numerals in square brackets give the page numbers missing or illegible on preserved pages.

Col. I			Col. II
Text covered	*Pages*	*Pages*	*Text covered*
[Rom. I, 1–V, 17	1 –13] ———	[194 –207	II Thess. – –]
Rom. V, 17–VI, 14	[IΔ –IE] ———	[PϞB –PϞΓ]	I Thess. V, 5–28
[Rom. VI, 14–VIII, 15	16 –19] ———	[188 –191	I Thess. II, 3–V, 5]
Rom. VIII, 15–37	K –KA ———	[PΠϚ –PΠZ]	Col. IV, 16–I Thess. II, 3
[Rom. VIII, 37–IX, 22	22 –23] ———	[184 –185	Col. III, 11–IV, 16]
Rom. IX, 22–X, 12	[KΔ –KE] ———	[PΠB –PΠΓ]	Col. II, 8–III, 11
Rom. X, 12–XI, 13	KϚ–KZ ———	[PΠ –PΠA]	Col. I, 16–II, 8
Rom. XI, 13–35	KH –KΘ ———	PO[H–POΘ]	Phil. IV, 14–Col. I, 16
Rom. XI, 35–XIII, 2	Λ –ΛA ———	[176 –177	– – – – – – – – – – –]
Rom. XIII, 2–XIV, 8	ΛB –ΛΓ ———	[174 –175	– – – – – – – – – – –]
[Rom. XIV, 8–XV, 11	34 –35] ———	[172 –173	– – – – – – – – – – –]
Rom. XV, 11–29	ΛϚ –ΛZ ———	[170 –171	– – – – – – – – – – –]
Rom. XV, 29–XVI, 14	ΛH –ΛΘ ———	[168 –169	– – – – – – – – – – –]
Rom. XVI, 14–Heb. I, 7	M –MA ———	PΞϚ –PΞZ	Gal. V, 2–VI, 8
Hebr. I, 7–II, 11	MB–MΓ ———	PΞΔ –PΞE	Gal. IV, 2–V, 2
Hebr. II, 11–III, 13	MΔ–ME ———	PΞB –PΞΓ	Gal. III, 2–IV, 2
Hebr. III, 13–IV, 14	MϚ–MZ ———	PΞ –PΞA	Gal. I, 23–III, 2

Col. I			Col. II
Text covered	*Pages*	*Pages*	*Text covered*
Hebr. IV, 14–VI, 4	MH–MΘ —— PNH –PNΘ		Eph. VI, 20–Gal. I, 23
Hebr. VI, 4–VII, 2	N –NA —— PNϚ –PNZ		Eph. V, 26–VI, 20
Hebr. VII, 2–20	NB –NΓ —— PNΔ –PNE		Eph. IV, 26–V, 26
Hebr. VII, 20–VIII, 8	NΔ –NE —— PNB –PNΓ		Eph. IV, 3–26
[Hebr. VIII, 8–IX, 10	56 –57] —— PN –PNA		Eph. II, 21–IV, 2
Hebr. IX, 10–26	NH–NΘ —— PMH–PMΘ		Eph. I, 21–II, 21
[– – – – – – – – – –	60 –61] —— PMϚ–PMZ		Eph. I, 1–21
[– – – – – – – – – –	62 –63] —— PMΔ–PME		II Cor. XII, 18–XIII, 13
[– – – – – – – – – –	64 –65] —— PMB–PMΓ		II Cor. XI, 33–XII, 18
[– – – – – – – – – –	66 –67] —— PM –PMA		II Cor. XI, 12–33
[– – – – – – – – – –	68 –69] —— PΛH –PΛΘ		II Cor. X, 11–XI, 12
[– – – – – – – – – –	70 –71] —— PΛϚ –PΛZ		II Cor. IX, 7–X, 11
[– – – – – – – – – –	72 –77] ——[130 –135 – – – – – – – – – –]		
I Cor. II, 3–III, 5	OH –OΘ ——[128 –129 – – – – – – – – – –]		
[– – – – – – – – – –	80 –103]——[104 –127 – – – – – – – – –]		

The number of leaves missing in sets of consecutive leaves is nine plus twenty-eight plus five, making forty-two in all, to which one leaf is to be added, since its quire mate is preserved. Therefore there is a possibility that forty-three leaves may yet be offered for sale, but not more. Some losses in this part also may be expected, so we should probably not hope for more than thirty-five to forty more leaves.

It is clear from this table that it is necessary to establish absolutely no more than one pair of leaves, as M–MA paired with PΞϚ–PΞZ, in order to enforce all of the other pairs. There are nine such pairs preserved in the Michigan lot, and several of these, as MH–MΘ with PNH–PNΘ, N–NA with PNϚ–PNZ, and NΔ–NE with PNB–PNΓ, show clearly by stains or matched fibers that they once formed a single sheet of papyrus. In fact, all of these pairs of leaves show the same relationship, though less clearly. One may assert with confidence that the preserved leaves were formed into pairs exactly as shown in the table.

After we have thus established the size of the lacunae it remains to compute the amount of text per page in the different parts and to determine what Epistles or parts of Epistles stood in each gap. The leaves lost between pages NΘ and OH total eighteen pages. In the part just preceding this gap the even-numbered pages vary from nineteen to twenty-two lines of text of the Oxford 1880 edition, and the odd-numbered pages vary between seventeen and twenty-one lines of the same edition. The average is between nineteen and twenty lines per page of manuscript. Page OH, which follows the gap, has eighteen Oxford lines of text. The odd-numbered page with it cannot be computed exactly as the end is lost, but it certainly contained less text. The gap between Hebrews IX, 26 and I Corinthians II, 3 contains 343 lines of Oxford text, or almost exactly nineteen lines for each of the eighteen pages missing at this point. We can therefore be sure that the rest of Hebrews and the beginning of I Corinthians once filled the gap.

After page OΘ, I Corinthians III, 5, there is a gap of fifty-six pages to page PΛϚ, II Corinthians IX, 7. The pages that immediately follow this long gap vary from nineteen to twenty-three lines of Oxford text to the page. The average is between twenty and twenty-one lines to the page. It is evident that at some point in the gap the scribe began to increase the amount of text to the page. The lacuna from I Corinthians III, 5 to II Corinthians IX, 7 contains 1066 lines of Oxford text, without reckoning the subscription to I Corinthians or the title to II Corinthians. This is again just over nineteen lines of text to the page, that is, the amount of text per page corresponds to the pages before the gap. The scribe began to increase the amount of text per page at about the spot where our last group of leaves commences. We have still to compute the gap between the last Michigan page, PΞZ, and page PO[H] of the Beatty lot. Ten pages are missing, but the end of Galatians after VI, 8 and the part of Philippians up to IV, 14 contain 202 lines of Oxford text. This is exactly twenty lines to the page without allowance for the title. But for the last dozen pages before the gap the amount of text per page varies between twenty-five and twenty-eight and one-half lines to the page, with the average fully twenty-seven lines. Also the first five Beatty pages following the gap can be counted. The lines of text to the page run 26 (plus subscription and title), $22\frac{1}{2}$, 27, 26, 28. Except for page [POΘ] which is unaccountably short, even for an odd-numbered page, the average is still twenty-seven lines to the page.   It seems necessary to assume that some fifty lines of text together with subscriptions and titles came between the end of Galatians and the beginning of Philippians.   The Epistle to Philemon contains forty lines of Oxford text, while the next in order of size, the Epistle to Titus, contains ninety lines.   Furthermore, the Epistle to Philemon is quite probably genuine, being cited in the Muratorian fragment after Romans, while it is cited by Epiphanius, *Haer.* 42, 9, just before Philippians.   It seems very probable that the Epistle to Philemon was originally contained in P[46] at this point.

It remains to discuss the question of the inclusion or exclusion of the three remaining Pastoral Epistles.   Seven leaves are lost after the last Beatty fragment, since seven are lost before the first one.   This last Beatty fragment stood at the top of its leaf and contains the end of I Thessalonians.   II Thessalonians contains but ninety-nine lines of text.   As some fifteen lines with the title would come on the remainder of the fragmentary page, only three pages of twenty-seven lines per page would be needed to complete that Epistle.   Were the remaining eleven pages blank or did they contain in whole or in part the remaining Pastoral Epistles?   When we recall that the scribe, after averaging about nineteen lines of Oxford text per page for the first 140 pages, increased up to an average of at least twenty-six Oxford lines to a page, and maintained that average at least up to page [ΡΠΓ], it seems certain that he was crowding with the intent to include in his manuscript an amount of text which seemed larger than would usually be included in a manuscript of that size.   If he were going to have eleven pages unused at the end, he would have discovered that fact earlier and stopped crowding long lines and extra lines onto the pages some time before the end of the manuscript.

If these eleven pages at the end of the manuscript, or at least ten of them, were crowded with text to the same extent as the last of the preserved leaves, there was space for from 270 to 300 lines of Oxford text.   In the Oxford 1880 edition I Timothy has 215 lines, II Timothy 156, and Titus 90, or a total of 461 lines.   With Titus omitted, the authenticity of which is especially doubtful, there are still 371 lines of text to be crowded onto pages that could not well accommodate more than 300 lines. It seems certain that, if I and II Timothy were included, they were in an abbreviated form.

It is outside my province to discuss the authenticity of the Pastoral Epistles, though I believe it is fairly clear that they could not have been written by Paul in their present form; cf. C. H. Moehlman, *The Combination Theos Soter*, Rochester, 1920. However, there is much in the Epistles to Timothy that seems Pauline to me, and less in the Epistle to Titus. If these Epistles are second-century forgeries, as they seem, then I should prefer to believe that the forger had before him certain genuine fragments of Pauline writing. If one wished to crowd into our manuscript these three Pastoral Epistles entire, it would be necessary to assume more crowding than on the existing leaves and at least three extra leaves added. Those willing to discard the Epistle to Titus can find place in the manuscript for the two Epistles to Timothy by assuming all pages crowded to the utmost limit and one page added.

It is certain that the first page of the manuscript was not numbered and contained no text, so one might assume that the last page would also be blank. But this conclusion is not unavoidable though certainly probable. It is almost certain that the manuscript originally had some sort of binding. We may compare the Freer Psalms, in which the bit of written parchment preceding the first leaf was probably a flyleaf. See *University of Michigan Studies*, Humanistic Series, Vol. VIII, 152. The fragmentary Pauline Epistles in the Freer Collection seem to have had a binding made of cloth stiffened on the inside by sheets of papyrus. See *Michigan Studies*, Humanistic Series, Vol. IX, 258. If such a binding is assumed for this papyrus manuscript the blank first page may be due to the desire to begin the manuscript on a recto page, or the first page may have been used for title and contents, or even the fear of injury from rubbing against the rougher binding sheet may have been the cause of leaving the first page blank. In none of these cases is it obligatory that the last page of the manuscript be left blank, while on the first two suppositions the existence of a flyleaf between the manuscript leaves and the binding would be a possibility. In fact, just as it was possible to leave certain pages blank at the end of a manuscript, so it was possible to add one or more leaves to a single-quire manuscript, if necessary to include all of the text desired. As that would be an addition to the original plan of the manuscript, the mates of such added leaves must appear at the beginning of the manuscript as blank leaves and so would not be numbered. All of this is, however, stated merely as a possibility. The evidence of the manuscript seems to be for the inclusion of only an abbreviated form of the Pastoral Epistles.

The order of the Epistles in P[46] is quite as remarkable as its contents or text. We have already indicated some of these peculiarities above, but the repetition of all in one place will make the picture clearer. The placing of the Epistle to the Hebrews next after Romans is almost unique. I know of no Church Father who mentions this order and it has been found in but one other manuscript, minuscule 1919. The Alexandrian recension, or the so-called Neutral text, had placed this Epistle after II Thessalonians and before the Pastoral Epistles, and many of the older Church Fathers support this order. It was placed last in the Pauline corpus by Latin Fathers of the fourth century and all the so-called Western, Antiochian, and later manuscripts support this order. The same minuscule, 1919, alone supports P[46] in placing Ephesians before Galatians, but the parallel there is less complete, for 1919 places these two Epistles later in the list, just before the Pastoral Epistles. On the other hand, the Fragmentum Muratorianum (180 A.D.) and the Decretum Gelasii (sixth century) agree with P[46] in placing Ephesians next after II Corinthians, though both put Galatians later. We have mentioned above that P[46] may support Epiphanius in placing the Epistle to Philemon before Philippians.

3. INK, WRITING, DATE

The ink is dark brown and has faded little. There has been little rubbing of the surface, so that almost every letter of the preserved portion is still legible. The writing is of the book hand type and the letters are carefully formed and well spaced. Sigma has a flattish top, which generally bends downward somewhat; this distinguishes it from ϛ in the page numbers, which is a regular uncial sigma. Epsilon and theta are rather

PLATE I

ⲕⲁⲓ ⲕⲟⲩ ⲁⲣⲧⲟⲥ ⲟ ⲁⲇⲉⲗⲫⲟⲥ

ΠΡΟⲤ ΕΒΡΑΙΟΥⲤ

ΠΟΛΥ ΜΕΡΩⲤ ΚΑΙ ΠΟΛΥ ΤΡΟΠΩⲤ
ΠΑΛΑΙ Ο ΘⲤ ΛΑΛΗⲤΑⲤ ΤΟΙⲤ ΠΑΤΡΑⲤΙΝ
ΤΟΙⲤ ΠΡΟΦΗΤΑΙⲤ ΕΠ ΕⲤΧΑΤΟΥ ΤΩΝ ΗΜΕ
ΡΩΝ ΤΟΥΤΩΝ ΕΛΑΛΗⲤΕΝ ΗΜΕΙΝ ΕΝ
ΥΙΩ ΟΝ ΕΘΗΚΕΝ ΚΛΗΡΟΝΟΜΟΝ ΠΑΝΤΩ
ΔΙ ΟΥ ΕΠΟΙΗⲤΕΝ ΟΥⲤ ΑΙΩΝΑⲤ ΟⲤ ΩΝ
ΑΠΑΥΓΑⲤΜΑ ΤΗⲤ ΔΟ ΞΗⲤ ΚΑΙ ΧΑΡΑ
ΚΤΗΡ ΤΗⲤ ΥΠΟⲤΤΑⲤΕΩⲤ ΑΥΤΟΥ ΦΕΡΩΝ ΤΕ
ΤΑ ΠΑΝΤΑ ΤΩ ΡΗΜΑΤΙ ΤΗⲤ ΔΥΝΑΜΕΩⲤ
ΔΙ ΑΥΤΟΥ ΚΑΘΑΡΙⲤΜΟΝ ΤΩΝ ΑΜΑΡΤΙ
ΤΟΙΗⲤΑΜΕΝΟⲤ ΕΚΑΘΙⲤΕΝ ΕΝ ΔΕΞΙΑ ΤΗⲤ
ΜΕΓΑΛΩⲤΥΝΗⲤ ΕΝ ΥⲨΗΛΟΙⲤ ΤΟⲤΟΥΤΩΝ
ΚΡΙΤΤΩΝ ΓΕΝΟΜΕΝΟⲤ Τ ΕΝ ΑΓΓΕΛΟⲤ
ΟⲤΩ ΔΙΑΦΟΡΩΤ ΕΡΟΝ ΠΑΡ ΑΥΤΟΥⲤ ΚΕΚΛΗ
ΡΟΝΟΜΗΚΕΝ ΟⲚΟΜΑ ΤΙΝΙ ΓΑΡ ΕΙΠΕΝ
ΠΟΤΕ ΤΩΝ ΑΓΓΕΛΩΝ ΥΙΟⲤ ...
Ⲥ ΕΓΩ ⲤΗΜΕΡΟΝ ΓΕΓΕΝΝΗΚΑ ⲤΕ ΚΑΙ ΠΑΛΙ
... ΕⲤΟΜΑΙ ΑΥΤΩ ΕΙⲤ ΠΑΤΕΡΑ ...
... ΤΟΝ ΠΡΩΤΟΤΟΚΟΝ ΕΙⲤ ΤΗ ΟΙΚΟΥ
...

END OF ROMANS; HEBREWS I, 1–7

oval than round, but epsilon usually has the middle stroke some-
what prolonged. Iota is often prolonged below the line, never
above. Omicron, especially when initial, is often of the same
size as theta, elsewhere it is often small though it does not
degenerate to a mere dot. All of the other letters tend to be
broad, yet without heaviness. In phi the central curve is a
pointed oval, so as to give breadth without the appearance of
height. There are no line fillers at the ends of lines, but a
similar mark, probably as a paragraph mark, is used at the end
of each Epistle. Also the middle stroke of epsilon is sometimes
prolonged as if to do duty as a line filler. Similar prolongations
of alpha, kappa, and lambda are rare. Smaller letters, some-
times a little crowded, occur rarely at line ends, but there are
no ligatures.

The hand has been dated in the first half of the third century
by Sir Frederic Kenyon, who had the advantage of handling all
the twelve manuscripts of this find in the same publication. I
agree that the manuscript belongs to the third century, but I
would hesitate to put emphasis on the first half of the century.

One must consider the date in connection with the whole
find. If, as currently gossiped in Egypt, these papyri were found
in a Coptic graveyard, we must think of them as belonging to a
definite period, viz. that of the use of this graveyard as the place
of burial of some Coptic monastery. Unfortunately we do not
know that all were found in one grave, though the presumption
is in favor of that. Either fragmentary, and so worthless,
manuscripts were buried with some dignitary of the monastery
because he loved them, in which case there may have been several
such burials in successive generations, or there was but one burial
of all the remaining Greek books in the monastery upon the
death of the last member of the group who used Greek. The
life of a manuscript on papyrus was not long, when in use.
Therefore, if all of the Greek manuscripts of the monastery
were buried at one time, they should belong within a century,
or approximately that, of each other. The bulk of these papyri
belong to the third or early fourth century. Some are very
fragmentary, others quite extensive. The Epistles of Paul may
well have been nearly complete when buried; so also the later
Genesis, the Enoch, and probably Revelation.

This also points to a single burial, when all the Greek manuscripts of the monastery, complete, defective, and fragments, were buried. Also the find was reported as a single find. Numerous graves in a Coptic monastery could not have been searched without knowledge of it coming to the authorities, who to date know nothing of the place of discovery.

On this basis the more complete manuscripts should be younger than the fragmentary. New Testament manuscripts were used more than Old Testament; so would wear out more quickly. Deterioration took place also in the grave, but that would affect chiefly the outer leaves and the edges of the leaves. Therefore a manuscript which has preserved a large number of consecutive leaves, though each is somewhat damaged, was probably a fairly complete manuscript at the time of burial. This criterion would indicate that the Revelation manuscript and that containing Numbers and Deuteronomy, as well as the above-mentioned Epistles of Paul, the later Genesis, and Enoch, were fairly complete when buried.

Such considerations are naturally rather hypothetical, but they at least support the inference that none of these manuscripts could have been very much older or again very much younger than the general average. I should therefore doubt the late date of the Enoch manuscript and assign it to the fourth century, assuming that it was written by an unpractised scribe. The shapes of individual letters resemble rather closely those of other manuscripts of the group. The time of burial would then have been in the fourth century. Even an Old Testament papyrus manuscript is not apt to have had a usable life of more than a century. So the oldest manuscript of the lot would be the Numbers-Deuteronomy, which may be placed at the very end of the second century or early third. The Jeremiah fragment was nearly contemporary. None of the others can be referred with probability to a date much removed from the general average. Now the cursive Genesis belongs surely to the second half of the third century. It was a rather defective manuscript when buried, so it was among the older manuscripts of the find. The Epistles of Paul, Revelation, the younger Genesis, Ezekiel and Esther, and Enoch were all younger and may be dated in approximately the above order. The Gospels-

Acts, Isaiah, and Daniel were probably earlier but not much, if any, before 250 A.D. I should date the Isaiah a little earlier than the Gospels.

The page numbers were made with a different pen. They are larger and coarser, but are probably contemporary. So are the infrequent corrections between the lines written in a smaller, more cursive hand. The reading marks discussed below seem later, but the stichometrical notes at the ends of Epistles are in a third-century cursive and seem contemporary. If the manuscript was written in a scriptorium for pay, these notes would have been inserted by the business manager when determining the price. It will be seen below that the stichoi numbers are regularly in excess of those elsewhere reported; hence probably an individual calculation for this manuscript.

The fact that the manuscript consists of a single quire cannot be urged as support for a date in the first half of the third century, for the Minor Prophets in the Freer Collection is a single-quire manuscript which has been dated in the second half of the third century with considerable certainty. See *University of Michigan Studies*, Humanistic Series, Vol. XXI, 10–12. We shall see below that the abbreviations agree rather better with the second half of the century.

4. ABBREVIATIONS

The following abbreviations are found: $\overline{\theta s}$, $\overline{\theta v}$, $\overline{\theta \omega}$, $\overline{\theta v}$ always in the singular; the plural is not abbreviated; cf. θεοῖς, Gal. IV, 9; $\overline{\kappa s}$, $\overline{\kappa v}$, $\overline{\kappa \omega}$, $\overline{\kappa v}$, $\overline{\kappa \epsilon}$ are regular in the singular, plural not abbreviated; cf. Eph. VI, 5; VI, 9. For πνεῦμα the forms $\overline{\pi v a}$, $\overline{\pi v s}$, and $\overline{\pi v \iota}$ are found some fifty times, but it is unabbreviated eleven times. Also, $\overline{\pi v s}$ is used for πνευματικός, πνευματικῶς, in I Cor. II, 14 and 15; III, 1. υἱός is abbreviated regularly $\overline{v s}$, $\overline{v \omega}$, $\overline{v v}$ six times; $\overline{v \iota s}$ for υἱός occurs twice, $\overline{v \iota v}$ three times, and $\overline{v \iota \omega}$ once. I noted the word unabbreviated eight times. ἄνθρωπος is generally not abbreviated, but I have noted $\overline{a v o s}$, I Cor. II, 14; $\overline{a v o v}$, I Cor. II, 9; II, 11; $\overline{a v o v}$, I Cor. III, 3; Eph. II, 15, and $\overline{a v \omega v}$, Eph. III, 5. For πατήρ, $\overline{\pi \eta \rho}$, $\overline{\pi \rho s}$, $\overline{\pi \rho \iota}$, and $\overline{\pi \rho a}$ are found for a total of eleven instances; $\overline{\pi \rho}$ occurs in Gal. IV, 6; elsewhere not abbreviated. μήτηρ, σωτήρ, and οὐρανός are not abbreviated. The three-letter abbreviations $\overline{\iota \eta s}$, $\overline{\iota \eta v}$, $\overline{\iota \eta v}$ are found forty-nine times; the two-letter abbreviation does not appear. In the case of Χριστός the three-letter abbreviations $\overline{χρς}$, $\overline{χρυ}$, $\overline{χρω}$, and $\overline{χρν}$ are all used for a total of 109 times, but the two-letter abbreviations $\overline{χς}$, $\overline{χυ}$, $\overline{χω}$, $\overline{χν}$ also occur for a total of twenty-eight times. Some of these fall at line ends, where considerations of space may have had an influence.

ἐσταύρωσαν is abbreviated $\overline{εστραν}$ in I Cor. II, 8 but $\overline{εσταν}$ in Gal. V, 24. $\overline{στου}$ and $\overline{στρου}$ also occur for σταυροῦ; σταυρῷ is contracted to $\overline{στρω}$ in Col. II, 14. In Hebr. VI, 6 we read $\overline{αναστρες}$ for ἀνασταυροῦντες and $\overline{συνεστραι}$ for συνεσταύρωμαι in Gal. II, 20. In this connection $\overline{αιμα}$ without abbreviation but with the stroke above it should be noted as occurring in Hebr. IX, 14. For the explanation see Traube, *Nomina Sacra*, pp. 49 and 50, where to be sure he is misled by Rahlfs to accept the stroke over $\overline{σαρξ}$ as indication of a Coptic vowel, since it is found in the Berlin Sahidic Psalter as well as in British Museum Pap. XXX\II. $\overline{αιμα}$ in our text is a perfect parallel for $\overline{σαρξ}$. Final ν is indicated by a stroke above the preceding vowel forty-one times at line ends and twice within the line.

There can be no question that these abbreviations, especially the irregularities and also the absence of abbreviation for certain of the nomina sacra, indicate an early date for the manuscript. The presence of the two-letter abbreviation for Χριστός, though less frequent than the three-letter, is rather against an early third-century date. The Old Latin took over only the three-letter abbreviations for Ἰησοῦς and Χριστός, so that was the earlier form. In the fourth century the two forms are used indiscriminately, but in the fifth century the three-letter abbreviations have practically disappeared. See Traube, *Nomina Sacra*, p. 113.

5. PUNCTUATION AND SPACES

There are a few cases of punctuation by a single dot in high position. I have counted less than a dozen that are certain in the Michigan portion. The number of doubtful cases is also small. In the Beatty portion a similar punctuation is mentioned as rare. On this point photographs are unreliable. Double dots like a colon occur once, near the end of Romans, after XVI, 27 and before XVI, 1. This may be interpreted as setting off the last chapter of Romans as a separate letter. I have no indications of a similar punctuation elsewhere in the manuscript.

On the other hand there are very many slight spaces left in the text, often where they serve admirably for punctuation. Some of these spaces are sufficiently large so that one may be sure that the scribe intended them to mark the ends of paragraphs. Others are so narrow that they may be explained as accidental. Furthermore, all stages of length between these extremes are abundantly represented. I counted over 1000 of these spaces and found but one space dividing a word, but five between article and noun, and four between preposition and noun. An abbreviation regularly obtained a small space after it, whether there was a sense pause or not. I counted 308 such cases, of which much less than half seemed to call for punctuation. Fourteen similar spaces occur before abbreviations. Compared with our standard printed editions, 287 of these spaces correspond with major punctuation, period, semicolon, etc., and 321 with commas. There are left 330 cases, many of which are doubtless errors, either on the part of the scribe or on my part, but fully one half can be explained as marking rhetorical pauses, though no punctuation occurs there in printed texts.

There are also reading marks which were inserted by a later hand. These are generally shaped like an acute accent made with a broad-pointed pen, though rarely they are hardly more than dots. In the width and heaviness of stroke, these marks are most similar to the page numberings, but in the Michigan portion they cannot be by the same hand, as the ink is always paler. In fact, there are cases where one is in doubt whether an actual reading mark was inserted or a stain or colored fiber of the papyrus looks like the dot or stroke.

It seems probable that these marks, when inserted, would have been easily discernible; so we must consider that a different, poorer ink was used than that used by either the scribe or the corrector of the manuscript. This is tantamount to saying that they were inserted by some later reader for his convenience, when reading in church. This view is somewhat supported by the fact that the reading marks were inserted only in Romans and Hebrews of the preserved parts of the manuscript.

These reading marks are very irregularly placed even in the

part of the manuscript where they are used. On three pages I have been able to discern none. Where used, they mark real sense divisions, but not nearly all such sense divisions are marked. Those that fall at line ends are almost never marked. I noted but thirty cases and these were mostly at the ends of lines as long as or longer than the average. There was seldom a reading mark inserted if the line was shorter than its neighbors.

In very few cases were the phrases between two reading marks less than a line in length. I noted the following: 3 of 20 letters, 5 of 15 or 16 letters, 1 of 13 letters, 5 of 10 or 11 letters, 1 of 9, and 1 of 5 letters. Some of these were corrections of marks wrongly inserted. Where the reading marks are most regularly placed they are separated from each other as follows:

About	1 manuscript line		111
"	2	" "	58
"	3	" "	23
"	4	" "	15
"	5	" "	9
"	6	" "	2
"	7	" "	2
"	8	" "	2
"	9	" "	2
"	12	" "	2
"	$1\frac{1}{2}$	" "	18
"	$2\frac{1}{2}$	" "	8

Similar reading marks are shown in the facsimile of the Ezekiel-Esther manuscript of the Beatty Collection; cf. the publication by Kenyon, Introduction, Plate IX. The Michigan papyrus of Matthew also shows some reading marks; cf. *Harvard Theological Review*, XIX (1926), 217.

The importance of these so-called reading marks is enhanced by their agreement with punctuations consisting of a double dot, single dot, or rarely a slanting stroke in the third-century fragment of Hebrews, P. Oxy. 657. The two papyri agree thirty-four times in the placing of these punctuation or reading marks and disagree only twenty times. We shall see below in the discussion of the text that there is a not too distant relationship between these two papyri.

P. Oxy. 1078 also has two certain cases of punctuation by a double dot, both agreeing with reading marks of P[46]. The one

case of punctuation by a single dot is not supported by P⁴⁶. The
hypothesis of Blass, *Lit. Zentralblatt*, 1904, p. 928, is not aided by
the new evidence.

6. ACCENTS, BREATHINGS, AND OTHER MARKS

I noted but one accent, an acute over πέρας in Hebr. VI,
16. None are reported for the Beatty leaves.

An angular rough breathing generally in the form of half an
H (Ⱶ) occurs twelve times, three of which come on the Beatty
leaves. The numeral εἶς, perhaps to distinguish it from the
preposition, has the most examples but the relative ὅς is also
so marked.

The apostrophe is used six times in the Michigan leaves;
ἀλλ' and ἀλ' occur twice each, καθ' and ποτ' once each.

Initial iota is marked with a diaeresis 108 times. It occurs
without the diaeresis 14 times. Initial upsilon has the diaeresis
183 times and is without it 91 times. Upsilon within a word
has the diaeresis but once, ἀνϋποτακτον, Hebr. II, 8. Iota
within a word has the diaeresis 16 times, 8 of which are cases
of υἱὸς. In the other cases iota is preceded by a vowel or by the
preposition of the compound verb.

7. WORD DIVISION

In general, words are divided at line ends so that as many
consonants are attached to the following vowels as can be easily
pronounced. Yet sometimes compound words are divided at
the point of compounding, as προσ|φερη, δυσ|ερμηνευτος, προσ|
κολληθησεται. The regular rule is, however, more apt to hold in
compounds, as παρεισα|κτους, του|τεστιν, ει|σελθειν, ε|παγγελιας.
Furthermore, it may be noted that double consonants are always
separated, if division occurs; λ, μ, ν, ρ, and generally σ are
separated from a following consonant, yet στ are not separated,
as, πι|στις, εκα|στε, ε|στιν. Ουκ forms a compound with a
following verb, as ου|κεστιν, ου|κανηγγελη; cf. also ου|κακυροι.

8. SPELLING, FORMS, ETC.

P⁴⁶ omits ν movable against the best manuscripts ten times.
οὕτω for οὕτως is found once, but in general the older forms
prevail. Non-assimilation of consonants in compounds occurs

twenty-three times against the better manuscripts, while the reverse occurs but three times. ει for ι is the favored spelling, occurring 130 times in doubtful words to twenty-four cases of the opposite. ὑμεῖν and ἡμεῖν are the regular spellings, and account for a large part of the number.

Other older spellings as ἐραυνάω, Μωυσῆς, τεσσεράκοντα are regularly used.

Interchanges of αι and ε are rare and evenly distributed. There are two cases of ε for η and none for the opposite change. False aspiration occurs in Gal. II, 2, καθ' ἰδίαν, Gal. II, 2, οὐθ' for οὐδ', I Cor. I, 9, οὐχ, and the opposite in Rom. XII, 5, κατ ις. But one case each has been noted of ου for ω, and ο for ου. The vowel α is twice dropped; Rom. VI, 14, ἁμάρτι and Rom. XV, 12, νιστανόμενος.

For the peculiar case form σάρκαν, Eph. V, 31, cf. Mayser, I, 199.

A double syllabic augment is found twice; Eph. II, 2, ἐπεριπατήσατε, and Gal. I, 14, ἐπροέκοπτον. Mayser, I, 342 notes that these forms did not occur in Ptolemaic times. They are rare later. For ἐνέργησεν, Gal. II, 8, cf. Mayser, I, 336 on the loss of temporal augment in compounds. The first person aorist ἀπῆλθα is found in Gal. I, 17, perhaps in imitation of the third plural ἦλθαν, which is not uncommon. ἤνεγκα may also have served as a model. One false gender occurs; ὁ πλάτος, Eph. III, 18.

There are a few peculiar constructions. In Rom. XI, 6 χάρις replaces χάριτι, the dative, which depends on a verb understood. $\overline{χρυ}$ for $\overline{χρς}$, Eph. IV, 15 is surely due to a misunderstanding. The genitive depends on κεφαλή, to which the nominative was in apposition. II Cor. X, 7, ο $\overline{χρς}$ for $\overline{χρυ}$ is the opposite change due to a worse misunderstanding of the text. Rom. XII, 6, the nominative προφητεία for the accusative is probably a misunderstanding due to ellipsis of the verb, though it may be a purely scribal omission of the final letter; but μετάθεσιν, Hebr. VII, 12 for μετάθεσις shows the opposite change. In Rom. X, 14 the accusative ὅ replaces οὗ depending on ἤκουσαν. In Rom. X, 15, ὅτι is inserted after γέγραπται, though ὡς follows. This probably arose from a correction and both particles were copied, though Mayser, II, 3, 44 notes ὡς ὅτι as a rare combination.

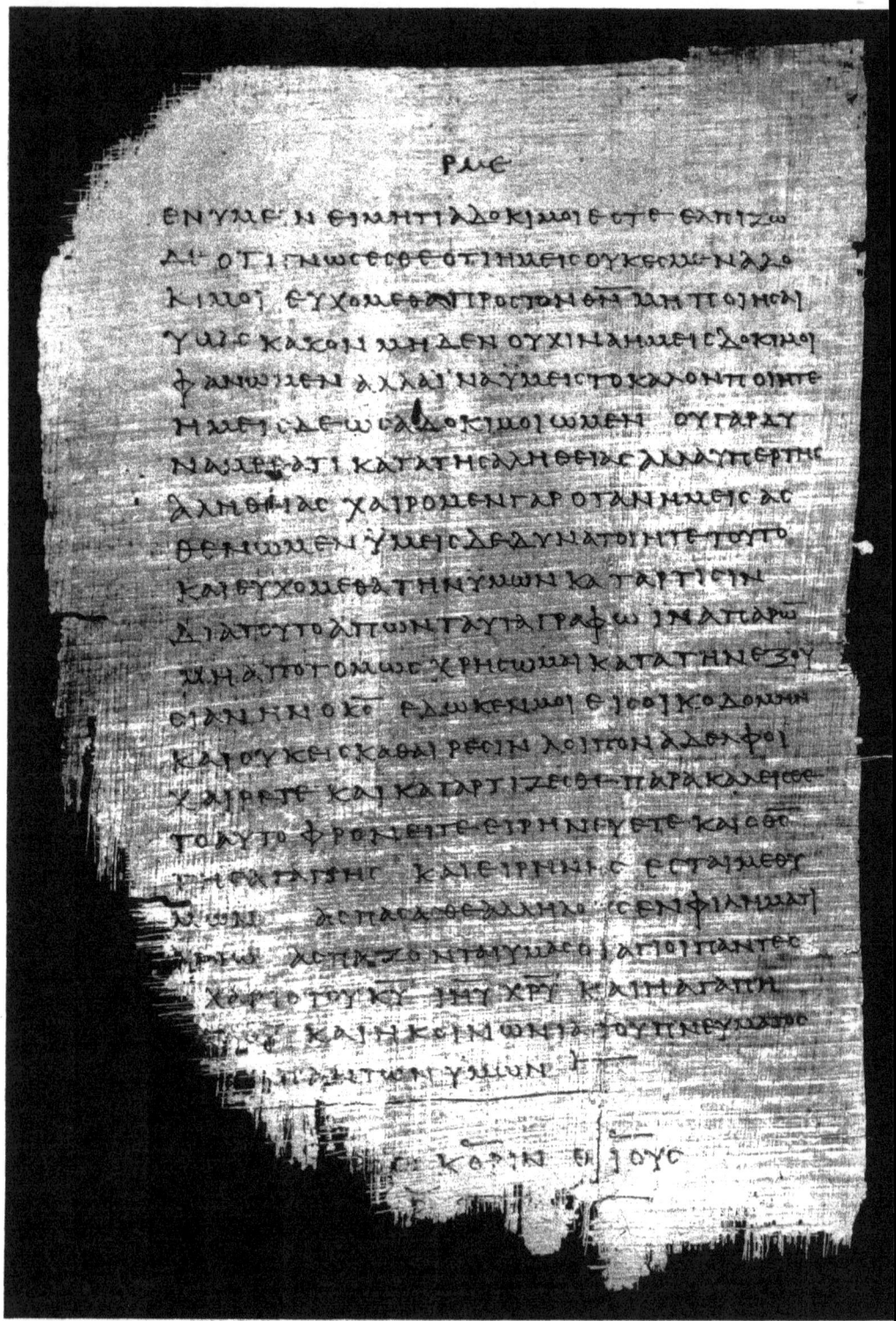

II CORINTHIANS XIII, 6–13

Here may be noted an unknown word by the first hand, but corrected by the second hand: $\epsilon\pi\epsilon\upsilon\xi$ for $\iota\epsilon\rho\epsilon\upsilon\varsigma$, Hebr. V, 6.

9. SUBSCRIPTIONS TO THE DIFFERENT EPISTLES

Subscriptions giving the number of stichoi are preserved for four of the Epistles as follows:

Romans . . . . . . λ = 1000
II Corinthians . . . λ = 1000
Ephesians . . . . . TIϚ = 316
Philippians . . . . . CKE = 225 or CKB = 222

Many manuscripts including L gives the stichoi for Romans as 920. Manuscript P has 950. P[46] seems to give a rather careless general estimate.

The stichoi number for II Corinthians is somewhat doubtful, see Plate II. But the top of the thousand mark is clearly seen and it is not necessary to enlarge the number by reading any of the following fragmentary marks as numerals. They are probably the ornamental strokes under the title. The number of stichoi in II Corinthians is variously enumerated in the manuscripts. ℵ gives 612; K L, etc. 590; P, 106, etc. 508; MS 147, etc. 506; MS 93, 600; and MS 170, 770. In spite of this variation and confusion there seems no warrant whatsoever for the excessive number 1000. Neither would even a greedy scribe have ventured to pad the amount so much unless he had some suggestion. The only suggestion I can offer is that the scribe may by error have copied the number of stichoi belonging to I Corinthians. These range from 809 to 870 in most manuscripts, but in some Old Latin manuscripts as the Bible of Theodulf, and St. Gallen Nos. 70 and 83, there is the subscription, *explicit Corintios abet versus mille.*

At the end of Ephesians the number of stichoi is read clearly TIϚ = 316. This number is approximated by the better manuscripts K L P, etc., which give 312, but some minuscule manuscripts give only 282.

At the end of Philippians Sir Frederic Kenyon reads the number of stichoi as $\sigma\kappa\epsilon$ = 225, which he compares with the enumeration at 36 letters to the $\sigma\tau i\chi o\varsigma$, which gives 222 stichoi on the basis of Graux's numeration of the number of letters in the

Epistle. I may add that the MSS K L, etc., give 208 stichoi, ℵ, 200, and the minuscules 21, 134, etc. 250. From the facsimile I should prefer to read the stichoi number for Philippians in P[46] as CKB = 222, but I hesitate even to suggest it without having seen the original. This subscription is rather dim and the photographic production may well be misleading.

It is interesting to note that the numbers of stichoi in P[46] are regularly higher than those elsewhere recorded. That may perhaps be considered additional evidence that these numbers were drawn from a count or comparison made by one who was to determine his own pay from the numbers.

III THE TEXT PROBLEM

Sir Frederic Kenyon in his publication of the Chester Beatty Papyri, II, x, showed on the basis of rather inadequate material that P⁴⁶ was not of the Antiochian or Byzantine type and that its chief affinity was with B and next with A and ℵ. It is reasonable to suppose that a papyrus manuscript of the third century would have few likenesses to a text that was made up considerably later in a different province by an editor or editors who would naturally use in large part manuscripts of their own province as the foundation of their edition. Furthermore, if P⁴⁶ shows no close relationship to the Antiochian text, there is no reason to expect that it will resemble any more the Byzantine text, which arose a few centuries later as the chief descendant of the Antiochian text.

Sir Frederic does not mention the Alexandrian text, once called the Neutral, of which B, ℵ, A, C, and 33 are usually considered the chief representatives in the Epistles of Paul. It is, however, implied that P⁴⁶ is closely related to the Alexandrian group, for it is stated that the papyrus shows the most agreements with B and that A and ℵ stand in second place. The validity of these figures is made somewhat doubtful by the large number of variants considered. In so relatively small an amount of text this implies that the count was made on the basis of all the variants. Such a list would include spellings as well as more important variants. Spellings, however, seldom show manuscript affiliations, but rather distinguish older manuscripts from later. In my opinion, manuscript affiliations are best shown by considering only the more important readings.

Furthermore, now that we are able to study so large a portion of Paul's Epistles we should test the different manuscripts epistle by epistle, for even if the Epistles of Paul were always combined in a single manuscript, we cannot be sure that all parts of a manuscript were copied with equal care, or even that all corrections attempted necessarily covered the entire manuscript. The following table of agreements of P⁴⁶ with all the better known manuscripts covers only variants that affect whole words or phrases. Mere variations in spelling have been excluded, except where these are rather important, or so unusual that their appearance in different manuscripts seems best explained as due to relationship between the manuscripts.

TABLE I

Agreements of Important Manuscripts with P[46]

	Rom.	Hebr.	Cor.	Eph.	Gal.	Phil., Col.	Total
ℵ	66	73	62	62	54	30	347
ℵc	12	8	6	7	0	5	38
A	63	58	33	57	33	31	275
B	92	82	73	81	60	43	431
C	37	47	19	17	27	26	173
D	91	82	59	62	46	36	376
E	53	56	33	34	21	19	216
F	92	0	55	48	46	26	267
G	94	0	55	46	45	25	265
K	14	31	16	18	13	14	106
L	35	31	26	22	13	11	138
P	40	49	35	37	26	21	208
31	0	9	9	15	13	7	53
33	6	51	43	54	39	20	213
141	5	19	12	22	14	10	82
424	14	10	12	19	14	7	76
1908	15	22	0	14	9	10	70
Minuscules only	7	13	6	5	8	3	42
Special unsupported *	45	52	16	40	30	16	199
Special spellings unsupported	25	37	32	35	26	12	167

* All unsupported variants are included except spellings.

It is also interesting to note the disagreements of P[46] with these manuscripts when they are cited in small groups or individually as differing from the accepted text as supported by the great majority of manuscripts, for these readings may have come in large measure from that uncorrected early text which has been called Western.

TABLE II

DISAGREEMENTS WITH THE ACCEPTED TEXT AND WITH MOST
MANUSCRIPTS, INCLUDING P[46]

	Rom.	Hebr.	Cor.	Eph.	Gal.	Phil., Col.	Total
ℵ	20	2	9	8	8	4	51
A	15	5	4	10	6	1	41
B	35	6	13	18	13	4	89
C	8	3	1	2	3	1	18
DE	48	40	51	51	33	27	250
FG	74	0	29	41	47	29	220
K	3	3	9	9	4	5	33
L	6	2	13	8	3	6	38
P	5	5	4	9	2	4	29
31	0	3	3	7	1	2	16
33	9	4	4	5	6	2	30
424	5	1	0	1	2	0	9

Before discussing these two tables let us frankly admit that any such table is liable to contain errors and that even when correct it may be misinterpreted. But with this admission let us outline what the first table seems to teach. The old uncial B still leads in the total number of agreements with P[46], even after most agreements in spelling have been eliminated, but the other members of the Alexandrian group do not take rank in second place except by the combination of the first hand of ℵ with its different correctors, which gives a total of 385 agreements, that is, slightly in excess of D, the leader of the Western group. The comparatively small number of agreements with A, C, P, and 33 is most striking. To be sure, C (Codex Ephraimi) is fragmentary, but A is a complete manuscript, P nearly so, and 33 badly defective only in Romans. All others are either too fragmentary or the Alexandrian text too corrupted to help us in our comparison. Yet the frequent addition of one or more of these later manuscripts to the list of supporters helps to confirm the decision regarding the Alexandrian text. It is apparent that B and ℵ, including its correctors, contain a good many readings that are not found in the later manuscripts supposedly reproducing the Alexandrian text. As long as B and

א were believed to give the original Neutral text, it was natural to assume that all later manuscripts representing that text would be somewhat contaminated by the infiltration of later readings. But now that a study of the papyrus and parchment fragments from Egypt (*Harv. Theol. Rev.*, XXVII (1933), 77 ff.) has shown that the Alexandrian text first appeared on fragments from the beginning of the fourth century, and that the increase in the number of Alexandrian readings was gradual but continuous up to the late fifth century, when it reached its maximum, it seems clear that the opposite explanation must be considered.

This is briefly that the Alexandrian text must be determined in each case by the general consensus of its known representatives. With all veneration for B and א it must be conceded that neither one can be accepted as a sufficient authority for the Alexandrian text, when all the other members of the group are opposed. It may even be questioned whether B and א combined can outweigh the testimony of all the rest of the group when it is united.

Yet this argument should not be used to strengthen the authority of any one or two of the other manuscripts considered representatives of the Alexandrian text. Even a brief survey shows that these also are not constant or consistent in their affiliations. The noticeable difference, however, is that these later manuscripts less often go with the so-called Western group, though that affiliation is rarely found even against all other members of their group.

The Antiochian-Byzantine text seems in Paul to be represented primarily by minuscules. L often, but by no means always, heads the list. Its agreements with P[46] are not impressive. K is a commentary text which seems to contain a mixture of Western and Byzantine readings. A large part of the text of Romans is missing, but even when that is allowed for the total of agreements seems very low. None of the later minuscules are reported with sufficient completeness in Tischendorf to make a comparison valuable, yet it is certain that the number of agreements with P[46] would be low even with all additions. I have listed only a few that have noteworthy parallels. Such parallels are not in general Byzantine.

The so-called Western group is represented by four manuscripts, D–E and F–G. It is known that E is a poor copy of D and that F and G were both copied from the same archetype. D is nearly complete, but F and G omit all of the Epistle to the Hebrews and besides have four small lacunae in common. There is nothing that definitely connects any of these manuscripts with Egypt, though the text of D is often in agreement with Egyptian manuscripts. Therefore the agreement of one or two of the Alexandrian manuscripts with both the Western groups in any reading should stamp that reading as probably Western. An agreement between the majority of the representatives of both Western and Alexandrian groups on the other hand should indicate that the reading in question was certainly very old and widely current and so probably correct.

Further, we have no right to assume that any of the Western manuscripts have remained uncorrupted by later readings. It has just been noted that D often deserts the F–G family to go with the Alexandrian manuscripts. A partial correction of its text at some time toward the Alexandrian type must be admitted as a possibility. No such tendency can be observed in the text of F–G. These are ninth-century manuscripts written in Switzerland and show many corruptions of the later period. When unsupported they are not good authority for the early Western text, but they seem reasonably free from correction to the Alexandrian type and hence are of special value now that we have so old a papyrus as P^{46} with which to compare them. In general, F and G agree, but there are five cases where F agrees with P^{46} without G and three cases of the opposite. Making this addition, the total support of F–G for P^{46} is raised to 270. If Hebrews is omitted from the count, B has 329 agreements with P^{46}, D has 294, A has 217, and ℵ has 286. Erratic as the text of F–G is, it shows an agreement with P^{46} that cannot be disregarded. This condition is emphasized by the fact that in four cases F–G furnishes the sole support, to which we add one case where F is the sole support and one where G stands alone with P^{46}.

D is nearer to P^{46} in total agreements and correspondingly in nine cases it furnishes the sole support. Even more remarkable is the fact that B gives the sole support in seventeen readings. The only other manuscript to furnish more than one case

of sole support for P⁴⁶ is MS 33, which has two such agreements.
In the list of manuscripts having one otherwise unsupported
agreement with P⁴⁶ are found ℵ, C, Ψ, 11, 429, 1149, 1288, 1311,
and 1739.

All such agreements as those just enumerated point to the
influence of an uncorrected type of text. An edited or corrected
form of text must in large measure eliminate these almost un-
supported readings. Continued correction of all manuscripts to
such a text eventually produced the almost uniform type of the
Textus Receptus found in practically all of the later manu-
scripts. If this almost self-apparent truism be accepted, its
opposite can hardly be denied, namely, that those manuscripts
showing the largest number of unsupported readings have suf-
fered the least correction to an edited or standard type. On
this basis P⁴⁶ stands in first position. On its eighty somewhat
fragmentary pages of text there are found 199 important vari-
ants for which other support is not known. If we include
individual variations in spelling, 167 more special variants can
be added to this list. Such overwhelming proof of an uncorrected
character is found for no other manuscript. Naturally also, I
have not made any such complete list of the special readings
in other manuscripts, but the Tischendorf apparatus records only
23 such unsupported variants for MSS F–G in the portion of
the text of Paul covered by P⁴⁶. For D–E, 12 such variants are
listed; for B, 10; for ℵ, 3; and for A, 1. In the Epistle to the
Hebrews, not found in F–G, only D–E indicates an uncorrected
text. D has 19 variants either unsupported or supported only
by its copy E. None of the other old uncials show a single
important individual variant.

Further proof of this same condition is given by the figures
of Table II, which records the disagreements of those small
groups of manuscripts listed in the Tischendorf apparatus as
disagreeing with the accepted text, which is supported by the
great majority of manuscripts. When any of the older manu-
scripts are included in the support of these special readings they
have even more claim to be considered derived from the old
uncorrected text than the individual variants just discussed.
As might be expected, the so-called Western manuscripts show
numbers far in excess of the other manuscripts. D still leads

with 250 such slimly supported disagreements, 180 of which
appear also in E. F–G with 219 disagreements might seem even
to outrank D, which has but 210 disagreements, if the Epistle
to the Hebrews be omitted, but one cannot claim with the same
security for the old Western text variants which appear first in
the ninth century. The only manuscript besides the Western
group to show a distinctive number of these disagreements is
B, with 89. Even ℵ, usually considered more erratic than B,
has but 51, while A has only 41. Again the inference seems to
be that B has preserved much of the earlier uncorrected type
of text.

I had originally planned a third table which should show
the agreements of P^{46} with small groups of manuscripts, but
inasmuch as such small groups regularly included one or more
of the Western or Egyptian manuscripts, they can be disregarded.
I need to direct attention, however, to that one class, included
in Table I, which shows 42 agreements with minuscules only.
These are regularly in small groups. They are seldom important
variants and may be in some part due to like errors, rather than
to relationship, but they cannot be entirely disregarded in the
consideration of the text problem. The small number of these
rarer readings of P^{46} found only in late minuscules merely shows
the thoroughness with which most of these later manuscripts
were corrected to the Byzantine type of text.

It is now in point to attempt to draw some general con-
clusions from the wealth of figures in the tables under discussion.
Yet any such conclusions will be only tentative and cannot hope
to be anything more than suggestive to New Testament students.
Each must study the text of this wonderful papyrus in its
entirety if he is to convince himself of the relationship of its
text to that found in the various manuscript groups.

If it were possible to accept absolutely Sir Frederic Kenyon's
dating of P^{46} the problem would be simpler. In the first half
of the third century there is little chance that the Alexandrian
text revision had been completed and even less that it had
spread to the upper Nile, where the Beatty fragments were
found. It is more hazardous to make such an assertion of a
manuscript which dates from near the end of the third century.
The possibility that there was some influence of the Alexandrian

text on P[46] cannot be entirely disregarded, even though we claim and perhaps in many cases prove to our own satisfaction that P[46] represents the current Egyptian text on which the Alexandrian text was based. In discussing this problem one meets two seemingly irreconcilable propositions, first, the uncorrected character of the text of P[46] as evidenced by the very numerous individual variants, and, second, its frequent agreements with practically all of the Alexandrian group. There are even not a few instances where D joins this select group against the other Western manuscripts and the mass of late minuscules.

The date of D makes possible the assumption that its text came under Alexandrian influence at some time, though no systematic correction took place. The alternative proposition that the Egyptian influence there may have been earlier seems opposed by the many agreements of D, F–G against P[46]. On the other hand, F–G shows no signs of a text of Egyptian character. Agreements of F–G with P[46] as also perhaps with D establish variants as belonging to the pre-Alexandrian period, and indicate that they were current in more than one province, and so probably belong to the early uncorrected type of text.

The ancestor of D before its partial correction to the Alexandrian type may have been fairly closely related to the ancestor of F–G, but the differences seem too pronounced to permit their origin from the same province. As P[46] appears to represent the Egyptian type of text before any extensive correction took place, the agreement of P[46], D, and F–G must be considered strong evidence for the original text. On the other hand, old as P[46] is, its agreement with all of the Alexandrian group is not conclusive evidence that it gives the original text. It merely establishes that in those particular readings P[46] gives the earlier Egyptian text on which the Alexandrian revision was based.

When P[46] joins D, F–G against the Alexandrian group, the text of the latter is apt to be due to the editors, or to the influence of some imported manuscript.

When P[46] is supported neither by D, F–G, nor by the Alexandrian group, it shows that there were variant types of text circulating in Egypt, so that the editors of the Alexandrian recension could choose even a well-supported Western variant without following the text of P[46]. To this variant type of text may belong the seventeen special agreements of P[46] and B, for B also has an Egyptian type of text in so far as it varies from the Alexandrian recension. But that is merely another way of saying that B has preserved a rather large number of the so-called Western or uncorrected variants.

The same explanation will apply for the many agreements of P[46] and ℵ in small groups, for ℵ also was not thoroughly corrected to the Alexandrian type. Even in other manuscripts there may be a slight survival of earlier Egyptian readings, but the instances are too few to deserve special consideration.

Up to this point the text of the Pauline Epistles has been treated as a whole, though even a glance at the tables indicates that the text is not uniform in all manuscripts. As might be expected, the most marked variation is seen in the Epistle to the Hebrews. This is probably in part due to its independent existence before it was incorporated in the Pauline Corpus. On the whole, its text seems to have been better preserved than that of any of the Epistles of Paul. D alone has an impressive number of erratic readings, forty against fifty-two unsupported readings in P[46]. ℵ, A, and B, all show a much more corrected type of the Alexandrian text than in Romans, where the amount of text compared is nearly the same. The fact that F–G does not contain the text of Hebrews prevents a full comparison of the Western type of text, but it seems likely that D is much better corrected in this Epistle than in the others. On the other hand, P[46] indicates that there was once an erratic text of Hebrews current in Egypt similar to that of the true Pauline Epistles. Therefore, either the Alexandrian edition of it was more carefully made, or it has been transmitted more accurately. Only a most thorough weighing of the variants in P[46] can decide between these two views. The larger number of unsupported readings in P[46] must not be allowed to mislead us. These are in some measure due to the absence of F–G and to the more corrected character of B, D, and ℵ.

In no other Epistle is the variation in type of text so plain as in the Epistle to the Hebrews. Yet there are differences that can be noted, if one keeps clearly in mind the amount of text preserved of each in P[46], for only those portions can be compared. The numbers of pages preserved are: Romans, 19;

Hebrews, 17; I Corinthians 2 and II Corinthians 10, considered as a total of 12; Ephesians, 12; Galatians, 10; Philippians, Colossians, and I Thessalonians 8, but more fragmentary. Corinthians seems to have had a less erratic Western text. As proof, note the small number of unsupported readings in P[46], only 16. Also F–G shows but 29 total disagreements, while the same amount of text in Ephesians gives 41 disagreements. Also in agreements with P[46] F–G runs almost parallel to D and ℵ, while B with 73 agreements is only a little in excess. D is the only erratic manuscript in these portions of Corinthians, but the excess in disagreements from the accepted text is not extreme.

The text of B is most erratic, or Western, if that name may still be used, in Romans. It disagrees with the accepted text 35 times and in 6 of these has no support. It agrees with P[46] alone 9 times against 8 in all the other Epistles. The text of B is decidedly less Alexandrian in Romans, but the change has been in large measure toward the type of P[46], so its total agreements with the papyrus maintain the same high level.

ℵ also has a more erratic text in Romans than in the other Epistles, but this is due in some measure to the first corrector, who changed the text to agree with P[46] 12 times against 66 agreements of the first hand. In Galatians, on the other hand, the corrector of ℵ, though equally busy, changes the text so as to agree with P[46] but a single time. It seems necessary to assign these differences to the manuscript used by the corrector, which appears to have been strongly pre-Alexandrian in Romans, good Alexandrian in Galatians, and an average mixture in the other Epistles.

Ephesians seems to have preserved a somewhat larger proportion of Western readings in all the manuscripts of the Alexandrian group. It is particularly noticeable in A and 33. The manuscripts of the Western group as well as P[46] seem to have preserved the normal text.

There are eight Pauline fragments from Egypt, covering passages contained in P[46]. Rylands 4, a sixth-century papyrus, contains Romans XII, 3–8. Its text is very similar to P[46], though Rylands 4 has accidentally omitted μέτρον in verse 3 and in XII, 5 reads καθ' εν for καθ' εἶς, where P[46] with its κατ ις also had troubles. P[46] omits γάρ in verse 4 with only MS 1311 in support, and ὁ ἐλεῶν ἐν ἱλαρότητι in verse 8 without support. Also by error in 6 it reads προφητεια for προφητείαν and in 7 ητοι for εἴτε. In 8 Rylands 4 has supplied from the Alexandrian text εἴτε omitted by P⁴⁶ and all Western manuscripts. In six other readings the two papyri agree in accepting or avoiding so-called Western readings. Of these the most striking is the order πρᾶξιν ἔχει in verse 4, where the papyri are supported only by F* f guelph., most Vulgate manuscripts, Syr. Pesh. and Harcl., Or. and Aug.

P. Oxy. 1355 contains, in very fragmentary form, Romans VIII, 12–IX, 8. Much of this is parallel to P⁴⁶, in which VIII, 15–35 is preserved. There seem to be four disagreements and seven agreements in variants that can be established with some degree of certainty. P. Oxy. 1355 does not omit in verse 17 κληρονόμοι μέν, nor καί after ἵνα with P⁴⁶. It also reads ἐπ' for ἐφ' in verse 20 against P⁴⁶ and the Western group. The most notable agreements are ὅτι in VIII, 22 against διότι of ℵ D* F G, and the omission of τί καί in VIII, 24, inferred from the space, a reading supported only by P⁴⁶ B, 1841.

P. S. I. 118, Galatians II, 6, agrees in one reading, addition of ὁ before θεός, and disagrees in one, the order of πρόσωπον.

P. S. I. 251, Galatians III, 17–24, differs in all three of the certain variants. Each time it finds support in the Antiochian text, though that is in no case the sole support.

Wessely 235, a fourth-century parchment fragment containing parts of I Corinthians II, 5–III, 2, agrees with P⁴⁶ in all certain variants: II, 9, a for ὅσα; 13, omit ἁγίου; III, 2, omit ἔτι.

There are three parallel fragments from the Epistle to the Hebrews. P. Amherst 3, Hebrews I, 1, adds ἡμῶν after πατράσιν. This is inserted by a second but contemporary hand in P⁴⁶ and is also found in Cod. Laud. lat. 108, *patribus nostris*. It may be an error that arose from the belief that Paul or some other Jew was the author, who would naturally say "our fathers" when speaking to Jews. It is not likely that the error would have arisen twice independently, so it is necessary to postulate some connection of the original Irish-English text with Egypt. It is known that Egypt-North Africa-Spain-Ireland was a trade route, and it seems quite possible that the Bible text passed along the same route.

P. Oxy. 1078 is a small fragment of Hebrews IX, 12–19. It has been noted above as having a colon form punctuation twice where P⁴⁶ has reading marks inserted by a later hand. The text has five notable agreements with P⁴⁶. On the other hand, it avoids a long omission in P⁴⁶ due to homoioteleuton and in verse 19 reads καὶ τῶν τράγων omitted by P⁴⁶ אᶜ K L 39 242 489 Syr. Pesh. and Harcl. Chr.

P. Oxy. 657, Hebrews II, 14–V, 5; X, 8–XI, 13; XI, 28–XII, 17, is the most important papyrus fragment of the Epistles known before the discovery of the Beatty papyri. It is dated with more than the customary degree of probability in the early fourth century. I have previously referred to the parallelism of its double point punctuation with the reading marks in P⁴⁶. Equally striking is the similarity in page numbers of P⁴⁶ to the column numbers of P. Oxy. 657. The latter begins at II, 14 with column 47 and P⁴⁶ has Hebrews II, 14 on page 44. Also, page 59 of P⁴⁶ contains Hebrews IX, 18–26, so page 61 must have begun near X, 6. In P. Oxy. 657 column 62 begins with X, 8. This should, I think, settle beyond all doubt that Hebrews was preceded by Romans also in P. Oxy. 657.

The agreement in text of the two papyri is equally remarkable. Counting all the individual errors of both there are but 15 disagreements in the portion of the text that is parallel, II, 14–V, 5, while there are 34 agreements. In this short passage P. Oxy. 657 has five readings absolutely without other support, while P⁴⁶ has six unsupported readings. If both of these groups be eliminated from the comparison as probable errors, the two papyri show very little difference in text affiliation. Both represent the current Egyptian text of the third century, and both are free from correction.

The same remark applies to the other papyrus fragments treated above, except P. S. I. 251, which seems to have been corrected to the Antiochian type.

It may not be out of place to call attention to a few of the remarkable readings in P⁴⁶, though I must disclaim the intention of offering a substitute for individual study by those interested. I shall treat but a few readings, and those chiefly because they appeal to me. Others would probably choose differently even for so brief a survey.

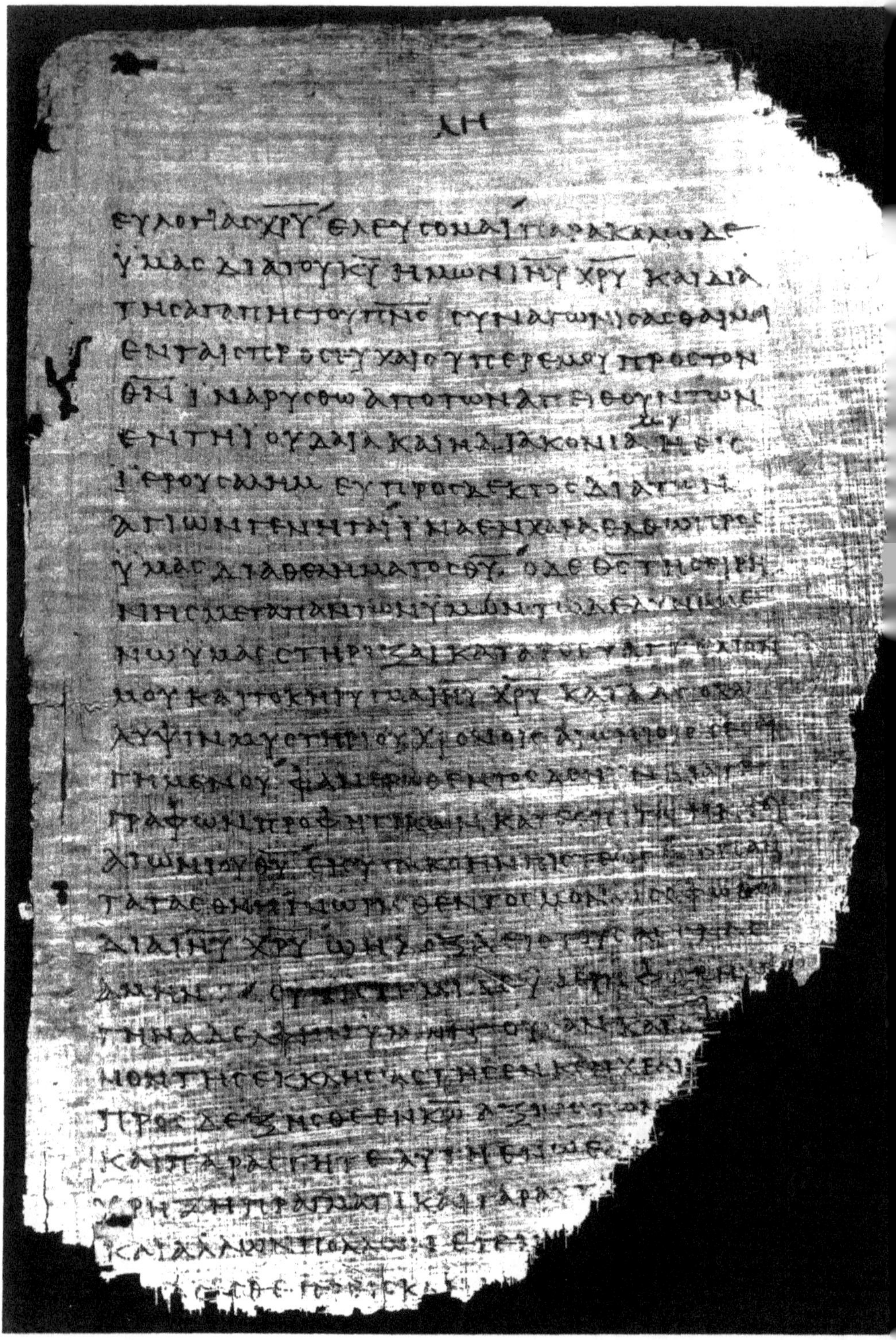

ROMANS XV, 30–33; XVI, 25–27; XVI, 1–3

P⁴⁶ places Romans XVI, 25–27 between XV, 33 and XVI, 1. This is the so-called doxology ending, which the great majority of later manuscripts, headed by L, place at the end of Chapter XIV. א B C D E 91, 263, 436, 614 d e f Vg. Syr. Cop. Aeth. Or. Ambrst. put the three verses at the end of Chapter XVI. A P 5, 33, 109ˡᵃᵗ· Arm. add them at the ends of both chapters. D*** Fᵍʳ G g and certain manuscripts known to Hieronymus omit the verses entirely, though space is left. It seems clear from the evidence that the Alexandrian recension had the verses at the end of Chapter XVI, and it is even possible that this was an editorial change. The representatives of the Western group were sure that this was wrong and either deleted or left a space. The Western witnesses had no knowledge of the Antiochian recension, which transferred the verses to the end of Chapter XIV. That is certainly an editorial change, but it was perhaps caused by a tradition that the verses had been transferred from an earlier position to the end of the Epistle. Under the influence of the two recensions the original order was entirely lost until it appeared in P⁴⁶. This old papyrus also correctly omits ἀμήν at the end of XV, 33 and is supported in this by the Western witnesses, A F G 436, 460, 618, f, g. ἀμήν was probably inserted when the three verses were transferred. Therefore Chapters I to XV were addressed to the Romans and had a regular ending. Chapter XVI was the covering letter introducing Phoebe to the Ephesians. For this whole discussion I refer to C. R. Gregory, *Canon and Text of the New Testament*, 1907, page 524, where after a long argument he concluded that Chapters XV and XVI of Romans were separate letters, XVI almost certainly a letter introducing Phoebe to the Church at Ephesus, while Chapter XV might be a separate letter of Paul to the Romans; that the doxology ending was then original at the end of Chapter XIV, but later transferred to the end of XVI. However, as Chapters I to XV were all to the Romans, he would have expected to find the doxology ending at the end of XV; but not a single document placed it there. Thus Gregory decides, evidently reluctantly; but now we find the doxology ending placed at the end of Chapter XV by the oldest document of all, and there is no longer a reason for supposing Chapter XV a separate letter.

Romans XI, 6, οὐκ for οὐκέτι¹. This is the reading adopted by Wordsworth and White for the original Vulgate on the support of the Vulgate manuscripts A C F G* H Θ L R T, together with d e and Pel. P⁴⁶ is the first Greek manuscript reported as omitting ἔτι. As the Vulgate is most often in agreement with the Alexandrian recension, we should expect *iam non* in it. οὐκέτι¹ (= *iam non*) seems clearly a reading that came in under the influence of οὐκέτι², but so early that it dominated both the Alexandrian and Antiochian recensions. οὐκ of P⁴⁶ (= *non* of the older Vulgate manuscripts) was certainly an old Western reading and so was in some of the Old Latin manuscripts. It is possible but by no means proved that Jerome adopted it for his corrected text.

Romans XI, 17, omits τῆς ῥίζης καί. This omission has the support of the whole Western tradition, D* F G (489) d f g Ir (Cyr). Also καί was omitted by the Alexandrian recension (א* B C Cop. Dam). Probably τῆς ῥίζης came in as a substitute for τῆς πιότητος and the Antiochian recension united the two variants by καί as so often.

Romans XIII, 5, διὸ καὶ ὑποτάσσεσθε for διὸ ἀνάγκη ὑποτάσσεσθαι. Except for καί this is supported by D E F G d³, while d* e f g m⁸⁹ guelph. Ir. support fully. διὸ καί instead of διό is suggested by the Vulgate evidence, C D T W t. It seems clear that even in the addition of καί P⁴⁶ is allied with a Western Latin tradition.

II Corinthians X, 8, καυχήσωμαι καυχήσομαι. This doublette in P⁴⁶ probably indicates that corrections were being made in the manuscripts before the time of the recensions. In the parent of P⁴⁶ καυχήσωμαι, which has Western and Antiochian support, stood in the text. Later someone had written above it καυχήσομαι, which was then copied into P⁴⁶. The second reading became popular in Egypt and was adopted for the Alexandrian recension.

II Corinthians XI, 25, omits ἅπαξ ἐλιθάσθην. This omission of P⁴⁶ is reported elsewhere only in t*, the first hand of the Spanish lectionary, Liber Comicus. Compare above the statement about the trade route from Egypt to Ireland through Spain.

II Corinthians XIII, 3, οὐκ εἰς ὑμᾶς οὐκ. This is another instance where the scribe of P⁴⁶ misunderstood the correction in the parent manuscript and so copied οὐκ in both positions.

Ephesians II, 12, ἐν τῷ καιρῷ, but ἐν deleted by a later hand. The preposition is added in some Western and all the Antiochian manuscripts. It is omitted by the Alexandrian recension and by most of the Western manuscripts. This may be a correction in P⁴⁶ to accord with the Alexandrian text, but why should any scribe pick on this little word, when there were so many more important differences. Therefore it seems to be a grammatical correction and without import for text affiliations.

Ephesians IV, 18, ἐσκοτωμένοι for ἐσκοτισμένοι. This is one of the fairly numerous cases where P⁴⁶ has a reading supported only by Alexandrian manuscripts, but this time it is a grammatical change like the one just discussed, and may well be earlier than the recension.

Ephesians VI, 23, ἁγίοις for ἀδελφοῖς. This variant is not reported elsewhere, but it does not seem a careless error; compare Phil. IV, 23, ἀσπάζονται ὑμᾶς πάντες οἱ ἅγιοι, and elsewhere. Yet ἀδελφοί is far more frequent.

Galatians III, 21, omits τοῦ Θεοῦ. P⁴⁶ is supported only by B d e Victorin. Ambrst, while F G read θεοῦ for τοῦ Θεοῦ. There can be little doubt that the omission was characteristic of the so-called Western text, yet the insertion started very early, if it was not rather the original text, and the omission due to a careless error.

Galatians IV, 9, πτωχια for πτωχὰ στοιχεῖα. This is a good example of a pure scribal error. The eye of the scribe jumped from χ in πτωχά to χ in στοιχῖα and omitted the intervening letters.

Colossians III, 6, omits ἐπὶ τοὺς υἱοὺς τῆς ἀπειθείας. Though P⁴⁶ is supported only by B Sah. Aeth. Clem. Cyp. and either D* or more probably the parent of D, it is almost certainly the original text. It may then serve as my last example of the extent to which the so-called Western group was corrected to later forms, when both the Alexandrian and Antiochian recensions had adopted the changes.

IV THE TEXT

In the following pages the text of the Papyrus is printed in full. In the reprint the few abbreviations and such punctuation, accents, breathings, and other diacritical marks as occur, whether from the first hand or from later scribes, have been retained. Words have been separated and capitals have been used for the titles of the Epistles. Broader spaces between words show spaces left in the manuscript, but spaces left unwritten because of rough spots in the papyrus are not reproduced in the text or considered in the discussion above. All changes by the first scribe and corrections by later hands are described in the first section of critical notes immediately below the text. In a second section of the critical notes I have added a complete collation of the Textus Receptus of the Oxford 1880 edition, giving first the reading of the papyrus followed by a colon, after which is placed the variant of the Textus Receptus. This collation has been added for the convenience of the reader and has not been checked with the same care as the text of the manuscript, yet I hope it will be found fairly complete.

The smaller lacunae have been supplied from either the Alexandrian or the Western text as the space seemed to require. The longer lacunae at the bottom of pages have also been supplied, generally from the Textus Receptus, but solely with the desire to show how well the text fits with the number of lines supposed lost. Lines lost at the bottom of a page are not supplied if a longer lacuna of one or more leaves follows.

The pages and lines of the manuscript have been preserved in the reprint. The pages are marked with the page numbers of the manuscript, and the lines are numbered on the right margin. The left margin is used for the chapter and verse divisions.

Dots are placed under letters not read with certainty, if any portion of the letter is discernible.

Pages IΔ to KΘ and POH to PϞΓ have been reprinted without change from Sir Frederic Kenyon's edition except in the lacunae, where slight modifications have been made. Photographs were available for pages KΘ and POH.

P. Beatty 2

[ΙΔ]

Two lines lost

Rom. V. 17 δωρεας της [δικαιοσυνης λαμβανοντες εν]
ζωη' βασ[ιλευσουσιν δια του ενος ιηυ χρυ]

18 αρα ουν ως δι ενο[ς παραπτωματος εις παν]   5
τας ανθρωπους ε[ις κατακριμα ουτως και]
δι ενος δικαιωματ[ος εις παντας ανθρωπους]

19 εις δικαιωσιν ζωης ωσπ[ερ γαρ δια της παρα]
κοης του ενος ανθρωπου [αμαρτωλοι κατε]
στησαν οι πολλοι· ουτως [και δια της υπακο]   10
ης του ενος δικαιοι κατ[ασταθησονται οι]

20 πολλοι· νομος δε [παρεισηλθεν ινα πλεο]
[νασ]η το παραπτω[μα οπου δε επλεονα]
[σεν] η αμαρτια· [υπερεπερισσευσεν η χαρις]

21 [ινα] ωσπερ εβα[σιλευσεν η αμαρτια εν τω θα]   15
[νατω] ουτως και η χαρις [βασιλευση δια δικαιο]
συνης εις ζωην αι[ωνιον δια ιηυ χρυ]

VI. 1 του κυ ημων· τι ουν ερ[ουμεν επιμενωμεν]

2 τη αμαρτια ϊνα η χαρις [πλεοναση μη γενοι]
το· οιτινες απεθανομ[εν τη αμαρτια πως]   20

3 ετι ζησωμεν εν [αυτη η αγνοειτε οτι οσοι]
[ε]βαπτισθημεν ε[ις χρν ιην εις τον θανατον]

4 [αυτου ε]βαπτι[σθημεν συνεταφημεν ουν αυτω]
[δια του βαπτισματος εις τον θανατον ινα ωσ]
[περ ηγερθη χρς εκ νεκρων δια της δοξης του]   25

V. 19 [κατε]στησαν: κατεσταθησαν   ουτως: ουτω
20 [οπου]: ου
21 ουτως: ουτω
VI. 2 ζησωμεν: ζησομεν

[ΙΕ]

[πατρος ουτως και ημεις εν καινοτητι ζωης]
VI. 5 [περιπατησωμεν ει γαρ συμφυτοι γεγονα]
[μεν τω ομοιωματι του θανατου] αυτου αλ

6　[λα και της αναστασεως εσομ]εθ[α το]υτο　　　　5
　[γινωσκοντες οτι ο] παλαι[ος] ημων
　[ανθρωπος συνεσταυ]ρωθη ινα καταρ
　[γηθη το σωμα της αμ]αρτιας του μηκετι
7　[δουλευειν τη α]μαρτια· ο γαρ αποθανων
8　[δεδικαιωται] απο της αμαρτιας· ει γαρ
　[απεθανομεν] συν χρω πιστευομεν οτι　　　　10
9　[και συνζησο]μεν αυτω' ειδοτες οτι χ[s]
　[εγερθεις εκ νεκρων ο]υκετι αποθνησκε[ι]
10　[θανατος αυτου ουκετι] κυριευει· ο γαρ α[πε]
　[θανεν τη αμαρτια απε]θανεν εφαπαξ
11　[ο δε ζη ζη τω θω ουτ]ως και υμ[εις λογι]　　　　15
　[ζεσθε εαυτους νεκρ]ους μεν τη αμαρ
12　[τια ζωντας δε τω θω ε]ν χρω ιηυ μη ουν βα
　[σιλευετω η αμαρτι]α εν τω θνητω υμων
13　[σωματι εις το υ]πακουειν αυτη και πα
　[ριστανετε τα μελ]η υμων οπλα αδικιας　　　　20
　[τη αμαρτια αλλα π]αραστησατε εαυτους τ[ω]
　[θω ωσει εκ νεκρων ζω]ντες και τα μελη υμων
14　[οπλα δικαιοσυνης τω] θω αμαρτι γαρ υμω[ν]

　. . . . .
　. . . . .　　　　25

lacuna, two leaves, VI. 14 to VIII. 15

VI.　6　δουλευειν: add ημας
　　8　γαρ: δε
　　11　[ουτ]ως: ουτω　　μεν: add ειναι　　ιηυ: add τω κυριω ημων
　　12　αυτη: add εν ταις επιθυμιαις αυτου
　　13　και¹: μηδε　　ζωντες: ζωντας　　[ωσει]: ως
　　14　αμαρτι: αμαρτια

K

VIII.　15　[ελαβ]ετε πνευμα υιοθεσιας εν ω κραζομεν
　　16　[αββα] ο πατηρ αυτο το πνα συνμαρτυρει τω
　　17　[πνι] ημων οτι εσμεν τεκνα θυ·' ει δε τεκνα
　　[και] κληρονομοι θυ συνκληρονομοι δε χυ
　　18　[ειπε]ρ πασχομεν ινα συνδοξασθωμεν· λογι　　　　5
　　[ζομ]αι γαρ οτι ουκ αξια τα παθηματα του νυν
　　[καιρ]ου προς την μελλουσαν δοξαν απο
　　19　[καλ]υφθηναι εις ημας· η γαρ αποκαραδοκια
　　[της] κτισεως την αποκαλυψιν των υιων

20 [του θ̄ῡ] απεκδεχεται· τη γαρ ματαιοτητι   10
   [η κτι]σις ὑπεταγη ουχ εκουσα αλλα δια τον
21 [υποτα]ξαντα εφ ελπιδι οτι και αυτη η κτι̣
   [σις ελευθε]ρωθησεται απο της δουλειας της
   [φθορας εις] την ελευθεριαν της δοξης των
22 [τεκνων του] θ̄ῡ· οιδαμεν γαρ οτι πασα η κτι̣σ̣ι̣ς   15
   [συνστεν]α̣ζει και συνωδεινει αχρι του ν̣υ̣ν̣
23 [ου μονον δε] αλλα την απαρχην του πνευματος
   [εχοντες ημ]εις και αυτοι εν εαυτοις στεναζο
   [μεν απεκδ]εχομενοι την απολυτρωσ[ιν]
24 [του σωματος] ημων' τη γαρ ελπιδι εσωθη[μεν]   20
   [ελπις δε βλ]επομενη ουκ εστιν ελ[πις]
25 [ο γαρ βλεπε]ι τις ελπιζει· ει δε ο ου βλ[επο]
   [μεν ελπιζομεν] δι υπομονης α̣[πεκδεχομεθα]
26 [ωσαυτως δε και το π̄ν̄ᾱ συναντιλαμβανεται]
   [τη ασθενεια ημων το γαρ τι προσευξωμεθα]   25
   [καθο δει ουκ οιδαμεν αλλα αυτο το πνευμα]
   [υπερεντυγχανει στεναγμοις αλαλητοις]

VIII. 16 συνμαρτυρει: συμμαρτυρει
     17 κληρονομοι: add κληρονομοι μεν   συνκληρονομοι: συγκληρονομοι   πα-
        σχομεν: συμπασχομεν   ινα: add και
     20 εφ: επ'
     22 συνωδεινει: συνωδινει
     23 αλλα: add και αυτοι   ημεις και: και ημεις   στεναζο[μεν]: add
        υιοθεσιαν
     24 τις: add τι και
     26 [τη ασθενεια]: ταις ασθενειαις   [υπερεντυγχανει]: add υπερ υμων

ΚΑ

VIII. 27 ο δε εραυνων τας καρδιας οιδεν τ[ι το]
        φρονημα του π̄ν̄ς̄ οτι κατα θ̄ν̄ εντυ[γ]
     28 χανει ὑπερ αγιων· οιδαμεν δε οτι το[ις]
        αγαπωσιν τον θ̄ν̄ παν συνεργει ο θ̄[ς εις]
        αγαθον τοις κατα προθεσιν κλητοις ου[σιν]   5
     29 οτι ους προεγνω και προωρισεν συ[μ]
        μορφους της εικονος του ῡῑῡ αυτου ε[ις το]
        ειναι αυτον πρωτοτοκον εν πολλοις [αδελ]
     30 φοις' ους δε προωρισεν τουτους και ε[κα]
        λεσεν ου και εκαλεσεν τουτους κα[ι εδι]
        καιωσεν' ους δε εδικαιωσεν τουτου[ς και]   10

31 εδοξασεν' τι ουν ερουμεν προς τα[υτα ει ο θ̄ς̄]

32 υπερ ημων τις καθ ημων [ος γε του ιδιου]
   υῑῡ ουκ εφεισατο αλλα ὑπερ [ημων παρε]
   δωκεν αυτον παντων· πως [ουχι και συν]   15

33 αυτω ημειν τα παντα χαρισε[ται τις εγκα]

34 λεσει κατα εκλεκτων θ̄ῡ' θ̄ς̄ [ο δικαιων τις]
   ο κατακρεινων' αμα δε χ̄ρ̄ς̄ [ῑη̄ς̄ ο αποθανων]
   μαλλον δε και εγερθεις ος κα[ι εστιν εν]
   [δεξ]ια του θ̄ῡ ος και εντυγχανει [υπερ ημων]   20

35 [τις η]μας χωρισει απο της αγα[πης του χ̄ρ̄ῡ]
   [θλι]ψις η στενοχωρια διω[γμος η λιμος]
   [η γυμνοτης η κινδ]υνο[ς η μαχαιρα]

   . . . .

     25

   lacuna, one leaf, VIII. 36 to IX. 22

VIII. 27 εραυνων: ερευνων   οιδεν: οιδε
     28 αγαπωσιν: αγαπωσι   παν: παντα   om ο θ̄[ς̄]
     29 προωρισεν: προωρισε
     30 προωρισεν: προωρισε   εκαλεσεν bis: εκαλεσε   εδικαιωσεν²: εδικαι-
        ωσε   εδοξασεν: εδοξασε
     32 αλλα: αλλ'   om παντων   ημειν τα παντα: τα παντα ημιν
     33 κατακρεινων: κατακρινων
     34 om αμα δε   om [ῑη̄ς̄]
     35 διω[γμος]: pr η

                    [ΚΔ]

IX. 22 ηνεγκεν εν [πο]λλη μ̱[α]κ̱ρ̱ο̱θυμ̱ια [σκευη]

   23 οργης' κατη[ρτι]σμενα εις απωλεια[ν και]
      ϊνα γνωριση το πλουτος της δοξης αυ[του]
      επι σκευη ελεους α προητοιμασεν εις [δο]

   24 ξαν ους και εκαλεσεν ημας' ου μονον [εξ]   5

   25 ϊουδαιων αλλα και εξ εθνων ως [και]
      τω ὡση ελεγει καλεσω τον ου λαον [μου]
      λαον μου και την ουκ ηγαπημεν[ην]

   26 ηγαπημενην και εσται εν τω τοπω [ου]
      εαν κληθησονται' ου λαος μου εκει κλ[ηθησον]   10

   27 ται ϋιοι θ̄ῡ ζωντος' ησαιας δε κραζ[ει υπερ]
      του ισραηλ εαν η ο αριθμος των υϊων ϊ[σραηλ]
      ως η αμμος της θαλασσης το καταλιμμα [σωθη]

   28 σεται λογον γαρ συντελων και συντ[εμνων]

   29 ποιησει κ̄ς̄ επι της γης' και καθως προ[ειρηκεν]   15

ησαϊας ει μη κ̅ς̅ σαβαωθ ενκατελειπε̣[ν ημιν]
σπερμα· ως σοδομα αν εγενη[θημε]ν [και ως]
30 γομορρα αν ομοιωθημεν' τι ουν ε[ρουμεν οτι]
εθνη τα μη διωκοντα δικαιοσυν[ην κατε]
λαβεν την δικαιοσυνην δι̣[καιοσυνην δε]   20
31 την εκ πιστεως' ισρ[αηλ δε διωκων νομον]
32 δικαιοσυνης εις νομ[ον ουκ εφθασεν διατι]
ο̣τ̣ι̣ ο̣υ̣κ εκ [πιστεως αλλ ως εξ εργων προσεκο]
ψαν τ̣ω λιθω [του προσκομματος καθως γε]
33 [γραπται ιδου τιθημι εν σιων λιθον προσ]   25
[κομματος και πετραν σκανδαλου και πας]
[ο πιστευων επ αυτω ου καταισχυνθησεται]

25 ωσηε λεγει m 1 corr ωση ελεγεν m 2?

IX. 23 το πλουτος: τον πλουτον
25 τω: pr εν
26 εαν κληθησονται: ερρεθη αυτοις
27 καταλιμμα: καταλειμμα
28 συντεμνων: add εν δικαιοσυνη οτι λογον συντετμημενον
29 ενκατελειπεν: εγκατελιπεν   ομοιωθημεν: ωμοιωθημεν
30 [κατε]λαβεν: κατελαβε   om την¹
32 νομ[ον]: add δικαιοσυνης   [εργων]: add νομου   [προσεκο]ψαν: add
γαρ

[ΚΕ]

X. 1 αδελφοι η με]ν̣ ευδοκια της εμης καρ
[δ]ιας και η δεησις προς τον θ̅ν̅ υπερ αυ
2 [τ]ων εις σωτηριαν· μαρτυρω γαρ αυτοις
[ο]τι ζηλον θ̅υ̅ εχουσιν αλλ ου κατ επι
3 [γν]ωσιν· αγνοουντες γαρ την του θ̅υ̅ δι   5
[κα]ιοσυνην και την ιδιαν δικαιοσυνην
[ζ]ητουντες στησαι τη δικαιοσυνη του θ̅υ̅
4 [ου]χ̣ υπεταγησαν· τελος γαρ νομου χ̅ρ̅ς̅
[εις] δικαιοσυνην παντι τω πιστευοντι'
5 [μ]ωυσης γαρ γραφει την δικαιοσυνην   10
[την] εκ του νομου οτι ο ποιησας αυτα ανθρω
6 [πος] ζησεται εν αυτοις' η δε εκ πιστεως
[δικ]αιοσυνη ουτως λεγει μη ειπης εν τη
[καρδ]ια σου τις αναβησεται εις τον ουρανον
7 [τουτ] εστιν χ̅ν̅ καταγαγειν' η τις καταβη   15
[σεται] εις την αβυσσον τουτ' εστιν χ̅ν̅ εκ νε
8 [κρων] αναγαγειν' αλλα τι λεγει εγγυς σου το

[ρημα ε]στιν εν τω στοματι σου και εν τη

[καρδια σου το]υτ' εστιν το ρημα της πιστεως

9   [ο κηρυσ]σομεν οτι εαν ομολογησης εν τω   20

[στοματι σου κ̄ν̄ ιη]ν̄ χ̄ρ̄ν̄ και πιστευσης εν τη

[καρδια σου οτι ο θ̄ς̄ αυ]τον ηγειρεν εκ νε

10   [κρων σωθηση καρδι]α γαρ πιστευεται εις

[δικαιοσυνην στοματι δε ομολογει]ται εις σω

11   [τηριαν λεγει γαρ η γραφη πας ο] πιστευων   25

12   [επ αυτω ου καταισχυνθησεται ου γαρ εστιν]

[διαστολη ιουδαιου τε και ελληνος ο γαρ αυτος κ̄ς̄ παντων]

duae ult lin vid longiores

X. 1   δεησις: add η   αυτων: του Ισραηλ
    6   ουτως: ουτω   εστιν: εστι
    7   εστι: εστιν
    8   εστι bis: εστιν
    9   χ̄ρ̄ν̄: om

Κ𝟧

X. 13   πλουτων εις παντας τους επικαλουμενους αυτ[ον πας]

14   γαρ ος εαν επικαλεσηται το ονομα κ̄ῡ σωθησεται' πω[s]

ουν επικαλεσονται εις ον ουκ επιστευσαν πως δε

πιστευσωσιν ο ουκ ηκουσαν πως δε ακουσωνται χω

15   ρις κηρυσσοντος πως δε κηρυξωσι εαν μη απο   5

σταλωσι καθως γεγραπται οτι ως ωραιοι οι ποδες

16   των ευαγγελιζομενων τα αγαθα' αλλ ου παντες

υπηκουσαν τω ευαγγελιω καθως γεγραπται

εν τω ησαια κ̄ε̄ τις επιστευσεν τη ακοη ημων

17   αρα η πιστις εξ ακοης η δε ακοη δια ρηματος χ̄ρ̄ῡ   10

18   αλλα λεγω μη ουκ ηκουσαν· μενουνγε εις πα

σαν την γην εξηλθεν ο φθογγος αυ[των και εις]

19   τα περατα της οικουμενης τα ρηματα αυτων αλ

λα λεγω μη ισραηλ' ουκ εγνω πρωτος μω

υσης λεγει εγω παραζηλωσω επ ουκ εθνε[ι] ε[π ε]   15

20   θνει ασυνετω παροργιω ὑμας ησαιας [δε απο]

τολμα και λεγει ευρεθην εν τοις εμε μη ζ[η]

τουσιν εμφανης εγενομην τοις εμε μ[η επε]

21   ρωτωσιν' προς δε τον ισραηλ λεγει ολ[ην]

την ημεραν εξεπετασα τας χειρας μου π[ρος λαον]   20

XI. 1   απειθουντα και αντιλεγοντα' λεγω ου[ν μη]

απωσατο ο θ̄ς̄ την κληρονομιαν αυτ[ου ον]

προεγνω μη γενοιτο και γαρ [εγω ισραηλειτης]
ειμι εκ σπ[ερμα]τος αβρααμ [φυλης βενι]

2. αμειν [ου]κ απω[σατο ο θ̄ς τον λαον αυτου]   25
[ον προεγνω η ουκ οιδατε εν ηλια τι λεγει]
[η γραφη ως εντυγχανει τω θ̄ω κατα του ισραηλ]

3 [κ̄ε τους προφητας σου απεκτειναν τα θυσια]

X. 13 εαν: αν
14 ο: ου   ακουσωνται: ακουσουσι
15 κηρουξωσι: κηρουξουσιν   om οτι   ποδες: add ευαγγελιζομενων ειρη-νην
16 καθως γεγραπται εν τω ησαια: Ησαιας γαρ λεγει   επιστευσεν: επιστευσε
17 χρ̄υ: Θεου
19 μη: add ουκ   om ουκ εγνω   μωυσης: Μωσης   παραζηλωσω: add υμας
20 om εν   επερωτωσιν: επερωτωσι

XI. 1 την κληρονομιαν: τον λαον   om [ον] προεγνω   [βενι]αμειν: Βενιαμιν
3 [κ̄ε]: pr λεγων   [απεκτειναν]: add και

KZ

XI.   στηρια σου κατεσκαψαν καγω ϋπελει
φθην μονος και ζητουσιν την ψυχην
4 μου' αλλα τι λεγει αυτω ο χρηματισμος
κατελειπον εμαυτω επτακισχειλιους
ανδρας οιτινες ουκ εκαμψαν γονυ   5
5 τη βααλ' ουτως ουν και εν τω νυν και
ρω λιμμα κατ εγλογην χαριτος γεγονεν'
6 ει δε χαρις ουκ εξ εργων επει η χαρις ουκ ε
7 τι γεινεται χαρις' τι ουν ο επιζητει
ισ[ρ]αηλ τουτο· ο ουκ επετυχεν' η δε εγ   10
λογη επετυχεν' οι δε λοιποι επωρωθη
8 σαν καθως γεγραπται εδωκεν αυτοις ο θ̄ς
πνευμα κατανυξεως οφθαλμους του
μη βλεπειν και ωτα του μη ακουειν
9 εως της σημερον ημερας' και δαυειδ' λεγει   15
γενηθητω η τραπεζα αυτων εις παγιδα
[κα]ι εις θηραν και εις σκανδαλον και εις
10 [αν]ταποδομα αυτοις σκοτισθητωσαν
[οι οφ]θαλμοι αυτων του μη βλεπειν και τον
[νωτο]ν αυτων διαπαντος συνκαμψον·   20

11   [λεγω ου]ν μη επταισαν ϊνα πεσωσιν μη
      [γενοιτο αλ]λα τω αυτων παραπτωματι
      [η σωτηρια τοις εθνεσιν] εις το παραζη

12   [λωσαι αυτους ει δε το παραπτωμα] αυτω[ν]
      [πλουτος κοσμου και το ηττημα αυτων]   25
      [πλουτος εθνων ποσω μαλλον το πληρω]

13   [μα αυτων υμιν δε λεγω τοις εθνεσιν]

XI. 3   ζητουσιν: ζητουσι
     4   κατελειπον: κατελιπον
     5   λιμμα: λειμμα   εγλογον: εκλογον   χαριτι: χαρις   ουκ: add ετι
     6   γεινεται: γινεται   χαρις: add ει δε εξ εργων ουκ ετι εστι χαρις επει
         το εργον ουκ ετι εστιν εργον
     7   τουτο ο: τουτου   εγλογη: εκλογη
     9   δανειδ': Δαβιδ
    10   συνκαμψον: συγκαμψον
    11   πεσωσιν: πεσωσι
    13   [δε]: γαρ

ΚΗ

XI.   εφ οσον μεν ουν ειμι εγω των εθνων απο

14   στολος την διακονιαν μου δοξασω' ει πως
      παραζηλωσω μου την σαρκα και σωσω

15   τινας εξ αυτων· ει γαρ αποβολη αυτων
      καταλλαγη κοσμου τις η προσλημψις ει μη   5

16   ζωη εκ νεκρων' ει δε η απαρχη αγια και

17   το φυραμα και η ριζα και οι κλαδοι' ει δε τι
      νες των κλαδων εξεκλασθησαν συ δε αγρι
      ελεος ων ενεκεντρισθης εν αυτοις και
      συνκοινωνος της πιοτητος της ελεας   10

18   εγενου μη κατακαυχω των κλαδων' ει δε
      συ καυχασαι ου συ την ριζαν βασταζεις

19   αλ η̄ ριζα σε' ερεις ουν εξεκλασθησαν

20   κλαδοι ϊνα εγω ενκεντρισθω καλως [τη]
      απιστια εξεκλασθησαν συ δε τη π[ιστει]   15
      εστηκας' μη υψηλα φρονει αλλα φοβου

21   ει γαρ ο θ̄ς των κατα φυσει κλαδων [ουκ ε]

22   φεισατο μηπως ουδε σου φεισεται' [ιδε ουν]
      χρηστοτητα και αποτομιαν του [θ̄υ επι]
      τους μεν πεσοντας αποτομια [επι δε σε]   20
      χρηστοτης θ̄υ εαν επιμε[ι]ν[ης τη χρηστο]

23   [τητι επει και συ εκκοπηση κακεινοι δε]

[εαν μη επιμενωσιν τη απιστια ενκεν]
[τρισθησονται δυνατος γαρ εστιν ο θ̄s̄]

24 [παλιν ενκεντρισαι αυτους ει γαρ συ εκ]   25
[της κατα φυσιν εξεκοπης αγριελαιου και]

XI. 13 om ουν   om των   δοξασω: δοξαζω
15 αποβολη: pr η
16 και²: add ει   ριζα: add αγια
17 αγριελεος: αγριελαιος   συνκοινωνος: συγκοινωνος της ριζης και
ελεας: ελαιας
18 συ καυχασαι: κατακαυχασαι   αλ: αλλ'
19 κλαδοι: pr οι   ενκεντρισθω: εγκεντρισθω
20 υψηλα φρονει: υψηλοφρονει
21 φυσει: φυσιν   φεισεται: φεισηται:
22 om του   τους μεν: tr   αποτομια: αποτομιαν   χρηστοτης θ̄ῡ
χρηστοτητα
23 [κακεινοι]: και εκεινοι   επιμενωσιν: επιμεινωσι

ΚΘ

XI.   παρα φυσιν ενεκεντρισθης εις καλλι
ελεον   ποσω μαλλον ουτοι   κατα φυσιν
25 ευκεντρισθησονται τη ιδια ελεα'   ου
γαρ θελω υμας αγνοειν αδελφοι   το μυ
στηριον τουτο ινα μη ητε εαυτοις φρο   5
νιμοι'   οτι πορωσις απο μερους τω ισραηλ
γεγονεν αχρι ου το πληρωμα των εθνω̄
26 εισελθη   και ουτως πας ισραηλ   σωθησεται
καθως γεγραπται   ηξει εκ σειων ο ρυο
μενος αποστρεψει ασεβεις απο ιακωβ   10
27 και αυτη αυτοις παρ εμου   η διαθηκη
οταν   αφελωμαι τας αμαρτιας αυτων·
28 κατα μεν το ευαγγελιον   εχθροι δι υμας·
κατα   δε την εγλογην αγαπητοι· δια
29 τους πατερας αμεταμελητα γαρ τα χαρισ   15
30 [ματ]α   και η κτισις του θ̄ῡ'   ωσπερ γαρ υμεις
31 [ποτ]ε   ηπειθησατε τω θ̄ω̄   νυν δε ηλεη
[θητ]ε τη   τουτων απιθεια'   ουτως και ουτοι
[νυν] ηπειθησαν τω υμετερω ελεει   ινα
32 [και αυ]τοι ελεηθωσιν'   συνεκλεισεν γαρ   20
[ο θ̄s̄ τα π]αντα εις απιθειαν ινα τους παν
33 [τας ελεηση] ω βα[θος πλουτου] και σοφιας
[και γνωσεως θ̄ῡ ως ανεξεραυνητα τα κριματα]

34   [αυτου και ανεξιχνιαστοι αι οδοι αυτου]

      [τις γαρ εγνω νουν κ̄ν̄ η τις συμβουλος]   25

      [αυτου εγενετο η τις προεδωκεν αυτω και αντα]

XI. 24   καλλιελεον: καλλιελαιον   ουτοι: add οι   ενκεντρισθησονται: εγκεν-
          τρισθησονται   ελεα: ελαια

    25   εαυτοις: παρ' εαυτοις   πορωσις: πωρωσις   αχρι: αχρις

    26   ουτως: ουτω   σειων: Σιων   ρυομενος: add και   ασεβεις: ασεβειας

    27   παρ εμου η: η παρ' εμου

    29   κτισις: κλησις

    30   γαρ: add και   απιθεια: απειθεια

    31   ουτως: ουτω   ελεηθωσιν: ελεηθωσι

    32   συνεκλεισεν: συνεκλεισε   [τα π]αντα: τους παντας

P. Mich. 222   Λ
Inv. 6238

XI. 36   ποδοθησεται αυτω οτι δι αυτου και εξ αυτου

       και εις αυτον τα παντα αυτω η δοξα εις τους

XII. 1   αιωνας αμην· παρακαλω ουν ὑμας αδελφοι

       δια των οικτειρμων του θ̄ῡ παραστησαι τα

       σωματα ϋμων θυσιαν ζωσαν αγιαν   5

       ευαρεστον θ̄ω̄ την λογικην λατρειαν ϋμ[ω]ν

    2   και μη συνσχηματιζεσθε τω αιωνι τουτω

       αλλα μεταμορφουσθε τη ανακαινωσει του

       νοος εις το δοκιμαζειν ϋμας τι το θελημα τ[ου]

       θ̄ῡ' το αγαθον και ευαρεστον και τελειον   10

    3   λεγω γαρ δια της χαριτος της δοθεισης μοι π[α]ν̣

       τι τω οντι εν ϋμειν μη ϋπερφρονειν παρ [ο]

       δει φρονειν αλλα φρονειν εις το σωφρονειν

       εκαστω ως ο θ̄σ̄ εμερισεν μετρον πιστεως

    4   καθαπερ εν ενι σωματι πολλα μελη εχομεν   15

       τα δε μελη παντα ου την αυτην πραξειν

    5   εχει' ουτως οι πολλοι ἑν σωμα εσμεν εν [χ̄ρ̄ω̄]

    6   το δε κατ ις αλληλων μελη' εχοντε[ς δε]

       χαρισματα κατα την χαριν την δοθε[ισαν]

       ημειν διαφορα ειτε προφητεια κα[τα την]   20

    7   αναλογιαν της πιστεως' ειτε διακο[νιαν εν]

       διακονια ητοι ο διδασκων εν τη [διδασκαλια]

    8   ο παρακαλων εν τη παρακλησει [ο μεταδιδους]

    9   [εν] απλοτητι ο προϊσταμενο[ς εν σπουδη η αγαπη]

       [ανυπο]κριτος απ[οστυγουντες το πονηρον κολλω]   25

10 [μενοι τω αγαθω τη φιλαδελφια εις αλληλους]
   [φιλοστοργοι τη τιμη αλληλους προηγου]

XII. 1 υμας: om man 1; add supra man 2
   7 [εν] διακονια: vid τη om
   8 vid om ο ελεων εν ιλαροτητι

XI. 36 δι αυτου και εξ αυτου: tr ‾

XII. 1 οικτειρμων: οικτιρμων   θ̅ω̅: τω θεω
   2 συνσχηματιζεσθε: συσχηματιζεσθε   νοος: add υμων
   3 ὑμειν: υμιν   εμερισεν: εμερισε
   4 καθαπερ: add γαρ   πολλα μελη: μελη πολλα   πραξειν εχει: εχει πραξιν
   5 το δε κατ ις: ο δε καθ' εις
   6 προφητεια: προφητειαν
   7 διακονια: τη διακονια   ητοι: ειτε
   8 ο παρακαλων: pr ειτε   [σπουδη]: add ο ελεων εν ιλαροτητι

ΛΑ

XII. 11 μενοι τη σπουδη μη οκνηροι τω π̅ν̅ι
   12 ζεοντες τω κ̅ω̅ δουλευοντες τη ελπιδι
   χαιροντες τη θλειψει ὑπομενοντες
   13 τη προσευχη προσκαρτερουντες ταις
   χρειαις των αγιων   κοινωνουντες την   5
   14 φιλοξενιαν   διωκοντες   ευλογειτε
   15 τους διωκοντας και μη καταρασθε χαιρειν
   μετα χαιροντων κλαιειν μετα κλαιοντων
   16 το αυτο εις αλληλους φρονο͠υτες μη τα υψη
   λα φρονουντες αλλα τοις ταπεινοις συν   10
   αγομενοι   μη γεινεσθε φρονιμοι παρ εαυ
   17 τοις μη   δενι κακον αντι κακου αποδιδον
   τες προνοουμενοι καλα ενωπιον των αν
   18 θρωπων   ει δυνατον   το εξ υμων με
   τα παντων ανθρωπων ειρηνευοντες   15
   19 μη εαυτους εκδικουντες αγαπητοι αλλα
   δο̣τε τοπον τη οργη' γεγραπται γαρ εμοι
   εκδικησις εγω ανταποδωσω' λεγει κ̅ς̅
   20 [εαν π]εινα ο εχθρος σου ψωμιζε αυτον εαν
   [διψα] ποτιζε αυτον τουτο δε ποιων αν   20
   [θρακας] πυρος σωρευσεις επι την κεφα
   21 [λην αυτου] μη νεικω υπο του κακου' αλλα

XIII. 1 [νικα εν τω] αγαθω   το κακον πασαις εξου
   [σιαις υπερεχ]ο̣υσαις ὑποτασσεσθε ου γαρ

[εστιν εξουσια ει μη απο θ̄ῡ]· αι δε [ουσαι]   25

2 [υπο του θ̄ῡ τεταγμεναι εισιν ωστε ο αν]

XII. 16 φρονουντες: ν² om man 1, add supra m 2

      20 vid om ουν post εαν

XIII. 1 vid om εξουσιαι post ουσαι

XII. 11 κ̄ω̄: καιρω

      12 θλειψει: θλιψει

      14 διωκοντας: add υμας ευλογειτε

      15 χαιροντων: add και

      16 συναγομενοι: συναπαγομενοι   γεινεσθε: γινεσθε

      17 των: παντων

      20 [εαν¹]: εαν ουν   δε: γαρ

      21 νεικω: νικω

XIII. 1 πασαις: πασα ψυχη   υποτασσεσθε: υποτασσεσθω

ΛΒ

XIII. τιτασσομενος τη εξουσια τη του θ̄ῡ διαταγη

      ανθεστηκεν· οι δε   ανθεστηκοντες εαυτοις

3 κριμα λημψονται· οι γαρ αρχοντες· ουκ εισιν

      φοβος τω αγαθω εργω· αλλα τω κακω· θελεις δε

      μη φοβεισθαι την εξουσιαν το αγαθον ποιει   5

4 και εξεις επαινον εξ αυτης· θ̄ῡ γαρ διακονος

      εστιν σοι εις το αγαθον· εαν δε κακον ποιης φοβου

      ου γαρ εικη την μαχαιραν φορει· θ̄ῡ γαρ διακονος

      εστιν εγδικος εις οργην τω το κακον πρασ

5 σοντι· διο και υποτασέσθε· ου μονον δια την   10

6 οργην αλλα και δια την συνειδησιν δια του

      το γαρ και φορους τελειτε λειτουργοι γαρ θ̄ῡ

7 εισιν· εις αυτο τουτο προσκαρτερουντες απο

      δοτε πασιν τας οφειλας· τω τον φορον τον

      φορον τω το τελος το τελος τω τον φοβον   15

8 τον φοβον τω την τιμην την τιμην μηδε

      νι μηδεν οφειλετε ει μη το αλληλους αγ[α]

      παν ο γαρ αγαπων τον ετερον νομον π[ε]

9 πληρωκεν· το γαρ ου μοιχευσεις ου φον[ευσεις]

      ου κλεψεις ουκ επιθυμησεις και ει τ[ις ετερα]   20

      εντολη εν τω λογω τουτω ανακεφα[λαιουται]

10 αγαπησεις τον πλησιον σου ως σεαυ[τον η αγα]

      πη τω πλησιον κακον ουκ εργα[ζεται πληρω]

11 μα ουν νομου αγαπη· και του[το ειδοτες τον]

καιρον οτι ωρα [ημα]ς ηδ[η εξ υπνου εγερθη]   25
[ναι] ν̣υν [γαρ εγγυτερον ημων η σωτηρια]
12 [η οτε επιστευσαμεν η νυξ προεκοψεν]

XIII.   5   υποτασσεσθε: om σ² man 1, add supra man 2
      9   vid om εν τω post ανακεφα[λαιουται]

XIII.   2   ανθεστηκοντες: ανθεστηκοτες
      3   εισιν: εισι   τω αγαθω εργω: των αγαθων εργων   τω κακω: των κα-
         κων
      4   εστιν¹: εστι   δε: add το   εγδικος: εκδικος
      5   και¹: αναγκη   υποτασσεσθε: υποτασσεσθαι
      7   αποδοτε: add ουν   πασιν: πασι
      8   αλληλους αγαπαν: αγαπαν αλληλους   πεπληρωκεν: πεπληρωκε
      9   κλεψεις: add ου ψευδομαρτυρησεις   τω λογω τουτω: τουτω τω λογω
    10   αγαπη²: η αγαπη

ΛΓ

XIII.   η δε ημερα ηγγικεν αποβαλωμεθα ουν
          τα εργα του σκοτους ενδυσωμεθα ου̇ν
    13   τα οπλα του φωτος   ως ημερα´ ευσχημο
       νως περιπατησωμεν   μη κωμοις και
       μεθαις μη κοιταις και ασελγιαις   μη εριδι   5
    14   και ζηλω αλλα ενδυσασθαι ι̅η̅ν̅ χ̅ρ̅ν̅
       τον κ̅ν̅ ημων´ της σαρκος προνοιαν
XIV.   1   μη ποιεισθε εις επιθυμιαν´ τον δε ασ
       θενουντα τη πιστει προσλαμβανεσ
     2   θε´ μη εις διακρισεις διαλογισμων´ ος   10
       μεν πιστευει φαγειν παντα´ ο δε ασθενων
     3   λαχανα εσθειετω´ ο εσθειων τον μη εσθει
       οντα μη εξουθενειτω´ ο δε μη εσθειων
       τον εσθοντα μη κρεινετω´ ο θ̅ς̅ γαρ αυτο̅
     4   προσελαβετο´ συ τις ει ο κρεινων αλλοτριον   15
       οικετην τω ιδιω κ̅ω̅´ η στηκει η πιπτει´
       σταθησεται δε´ δυνατος γαρ ο κ̅ς̅ στησαι αυτον
     5   [ος] μεν κρινει ημεραν παρ ημεραν ος δε
       [κρι]ν̣ει πασαν ημεραν´ εκαστος εν τω ιδιω
     6   [νοι] π̣ληροφορεισθω´ ο φρονων την ημε   20
       [ραν κ]ω̣ φρονει´ ο εσθειων κ̅ω̅ εσθιει και
       [ευχαριστ]ει τω θ̅ω̅´ και ο μη εσθειων κ̅ω̅
     7   [ουκ εσθιει κ]αι ευχαριστει τω θ̅ω̅´ ουδεις γαρ
       [ημων εαυτω] ζη και ουδεις εαυτω αποθνησκει´
     8   [εαν τε γαρ ζωμεν] τω κ̅ω̅ ζωμεν εαν τε αποθνησ   25

[κωμεν τω κ̄ω̄ αποθνησκο]μεν' εαν τε ουν
[ζωμεν εαν τε αποθνησκωμεν του] κ̄ῡ [εσμεν]

lacuna, one leaf, XIV. 9 to XV. 11.

XIII. 12   ουν post ενδυσωμεθα add man 1, del man 2
     14   ενδυσασθαι man 1, corr ε super αι man 2   επιθυμιαν man 1, corr ς super ν man 2

XIII. 12   αποβαλωμεθα: αποθωμεθα   ενδυσωμεθα ο̈ϋ: και ενδυσωμεθα
     13   ημερα: εν ημερα   ασελγιαις: ασελγειαις
     14   αλλα: αλλ'   ῑη̄ν̄ χ̄ρ̄ν̄ τον κ̄ν̄ ημων: τον Κυριον Ιησουν Χριστον και
XIV.   2   εσθειετω: εσθιει
      3   εσθειων: εσθιων bis   εσθειοντα: εσθιοντα   ο δε: και ο   εσθοντα:
         εσθιοντα   κρεινετω: κρινετω
      4   κρεινων: κρινων   η¹: om   ο κ̄ς̄: εστιν ο Θεος
      6   φρονει: add και ο μη φρονων την ημεραν Κυριω ου φρονει   εσθειων:
         εσθιων bis   και ευχαριστει: ευχαριστει γαρ

Λ̄Ϛ̄

XV.   τα εθνη τον κ̄ν̄'   και επαινεσατωσαν αυτον
   12   παντες οι λαοι'   και παλιν ησαιας λεγει
        εσται η ριζα ϊεσσαι   και ο νισταμενος
        αρχει εθνων   επ αυτω εθνη ελπιουσιν
   13   ο δε θ̄ς̄ της ελπιδος πληρωσαι υμας παση   5
        σι η χαρας και ειρηνης   εν τω πιστευειν
        εις το περισσευειν ϋμας   εν τη ελπιδι
   14   εν δυναμει πνευματος αγιου'   πεπισμαι
        δε αδελφοι και αυτος   εγω περι ϋμων οτι
        μεστοι εστε αγαθωσυνης πεπληρωμενοι   10
        πασης γνωσεως δυναμενοι και αλληλους
   15   νουθετειν' τολμηροτερον δε εγραψα
        ϋμειν αδελφοι αναμιμνησκων απο με
        ρους ουτως' δια την χαριν την δοθεισαν
   16   μοι ϋπο του θ̄ῡ δια το ειναι με λειτουργον   15
        ῑη̄ῡ χ̄ρ̄ῡ εις τα εθνη ϊερουργουντα
        το ευαγγελιον του θ̄ῡ ϊνα γενηται και
        η προσφορα των εθνων   ευπροσδεκτος
        ηγιασμενη εν πνευματι αγιω   ην [
   17   εχω καυχησιν εν χ̄ω̄ τα προς τον [θ̄ν̄]   20
   18   ου γαρ τι τολμησω λαλειν ων ο[υ κα]
        τειργασατο χ̄ς̄ δι εμου εις ϋπα[κοην]
   19   εθνων' λογω και εργω εν δυν[αμει αυ]

του σημειων τε και τερατων [εν δυνα]

μει π̅ν̅ς̅ θ̅υ̅ ωστε με απο ϊ[ερουσαλημ]   25

[και] κυκλω μεχ[ρι του ιλλυρικου πε]

[πληρωκεναι το ευαγγελιον του χ̅ρ̅υ̅]

XV 11 [παντα] τα εθνη τον κ̅ν̅: τον Κυριον παντα τα εθνη επαινεσατωσαν: επαινεσατε

12 ιεσσαι: του Ιεσσαι νιστανομενος: ανισταμενος

13 πασησι η: πασης

14 πεπισμαι: πεπεισμαι αδελφοι: add μου οτι: add και αυτοι

15 υμειν: υμιν αναμιμνησκων απο μερους ουτως: απο μερους ως επα-ναμιμνησκων υμας

16 δια: εις και: om ην: om

17 εχω: add ουν χ̅ω̅: add Ιησου τον [θ̅ν̅]: om τον

18 τι: om λαλειν: add τι

19 [αυ]του: om τε: om

ΛΖ

XV. 20 ουτως φιλοτειμουμαι ευαγγελι

ζεσθαι' ουχ οπου ωνομασθη ο χ̅ρ̅ς̅

ϊνα μη επ αλλοτριον θεμελιον οικο

21 δομω' αλλα καθως γεγραπται οις ου

κ ανηγγελη περι αυτου οψονται   5

και οι ουκ ακηκοασιν συνησουσιν'

22 διο και ενεκοπτομην πολλακις

23 του ελθειν προς ϋμας' νυνι δε μη

κετι τοπον εχ̇αι̇ εν τοις κλιμασι του

τοις επιποθειαν δε εχων του ελθειν   10

24 προς υμας απο πολλων ετων εως αν

πορευωμαι εις την σπανιαν ελπιζω

γαρ' πορευομενος θεασασθαι ϋμας'

και απο ϋμων προπεμφθηναι εκει'

εαν ϋμων πρωτον απο μερους ενπλησ   15

25 θω' νυνι δε πορευομαι εις ιερουσαλημ

26 διακονησαι τοις αγιοις' ευδοκησεν γαρ

μακεδονια και αχαϊα κοινωνιαν

τινα ποιησασθαι εις τους πτωχους των

27 αγιων εν ϊερουσαλημ' οφειλεται γαρ   20

[εισ]ιν αυτων' ει γαρ τοις πνευματικοις

[αυτ]ων εκοινωνησαν τα εθνη οφει

[λουσι]ν και τοις σαρκικοις λειτουργησαι

28 [αυτοις] τουτο ουν επιτελεσας και σφραγι

[σαμενος τ]ον καρπον τουτον α πε   25

29 [λευσομαι δι υ]μων εις σπανιαν' οιδα τ[ε]

[οτι ερχομενος προς υμας εν πληρωματι]

XV. 23 εχαι man 1: scrip ε super α et ν super ι man 2, i.e. εχειν

26 των² om man 1, add supra man 2

28 vid om αυτοις

XV. 20 ουτως: ουτω δε   φιλοτειμουμαι: φιλοτιμουμενον   ο χρς: Χριστος

21 ακηκοασιν συνησουσιν: ακηκοασι συνησουσι

22 πολλακις: τα πολλα

23 εχειν: εχων   επιποθειαν: επιποθιαν

24 εως αν: ως εαν   σπανιαν: add ελευσομαι προς υμας   πορευομενος:
διαπορευομενος   απο: υφ'   ενπλησθω: εμπλησθω

25 διακονησαι: διακονων

26 ευδοκησεν: ευδοκησαν

27 οφειλεται γαρ: ευδοκησαν γαρ και οφειλεται   [εισ]ιν αυτων: αυτων
εισιν   οφει[λουσι]ν: οφειλουσι   και: add εν

28 σπανιαν: την Σπανιαν

29 τ[ε]: δε

ΛΗ

XV. 30 ευλογιας χρυ' ελευσομαι' παρακαλω δε

ϋμας   δια του κυ ημων ιηυ   χρυ   και δια

της αγαπης του πνς   συναγωνισασθαι μοι

εν ταις προσευχαις υπερ εμου προς τον

31 θν   ϊνα ρυσθω απο των απειθουντων   5

εν τη ϊουδαια και η διακονια η εις
μου

ϊερουσαλημ   ευπροσδεκτος δια των

32 αγιων γενηται' ϊνα εν χαρα ελθω προς

33 ϋμας δια θεληματος θυ'   ο δε θς της ειρη

XVI. 25 νης μετα παντων ϋμων   τω δε δυναμε   10

νω ϋμας στηριξαι κατα το ευαγγελιον

μου και το κηρυγμα ιηυ   χρυ   κατα αποκα

λυψιν μυστηριου χρονοις αιωνιοις σεσει

26 γημενου'   φανερωθεντος δε νυν δια τε

γραφων προφητικων' κατε επιταγην του   15

αιωνιου θυ'   εις υπακοην πιστεως' εις παν

27 τα τα εθνη' γνωρισθεντος μονω σοφω θω

δια ιηυ   χρυ'   ω η δοξα εις τους αιωνας

XVI. 1 αμην': συνϊστημι δε ϋμειν φοιβην

την αδελφην ϋμων ουσαν και δι[ακο]   20

2 νον της εκκλησιας της εν κενχραι[αις ινα]

προσδεξησθε εν κω   αξιως των [αγιων]

και παραστητε αυτη εν ω εαν [υμων]

χρηζη πραγματι και γαρ αυτη [προστατις]

και αλλων πολλων   εγεν[ηθη και αυτου εμου]   25

3 [ασ]πασασθε πρεισκαν κ̣[αι ακυλαν τους]

4 [συνεργους μου εν χ̄ρ̄ω̄ ῑη̄ῡ οιτινες υπερ]

XV. 31   μου om man 1, add supra man 2
XVI. 2   vid om αυτην post ινα

XV. 29   ευλογιας: add του ευαγγελιου του
    30   ὕμας: add αδελφοι
    31   και: add ινα   δια των αγιων γενηται: γενηται τοις αγιοις
    32   θ̄ῡ: add και συναναπαυσωμαι
    33   ὕμων: add αμην
XVI. 25–27 τω δε δυναμενω . . . . . . αμην: tr post XVI. 24
     25 σεσειγημενου: σεσιγημενου
     26 κατε επιταγην: κατ' επιταγην
XVI. 1 ὕμειν: υμιν   ὕμων: ημων   και: om   κενχραι[αις ινα]: Κεγχρεαις
         ινα αυτην

      2 εαν: αν   και αλλων: om

      3 πρεισκαν: Πρισκιλλαν

ΛΘ

XVI.   της ψυχης μου τον εαυτων τρα

            χηλον ὕπεθηκαν οις ουκ εγω μο

            νος ευχαριστω αλλα και πασαι αι εκ

      5   κλησιαι   των εθνων και την κατ οι

            κον αυτων εκκλησιαν' ασπασασθε   5

            επαινετον τον αγαπητον μου   ος

            εστιν απ αρχης της ασιας εις χ̄ν̄'

      6   ασπασασθε μαριαμ   ητις πολλα εκο

      7   πιασεν εις ὕμας' ασπασασθε ανδρο

            νεικον   και ϊουνιαν τους συγγενεις μου   10

            και τους συναιχμαλωτους μου   οιτινες

            εισιν επισημοι εν τοις αποστολοις ος

      8   και προ εμου γεγονεν εν χ̄ρ̄ω̄'   ασπασασ

            θε αμπλιατον τον αγαπητον εν κ̄ω̄'

      9   ασπασασθε   ουρβανον τον συνεργον   15

            ημων εν χ̄ρ̄ω̄   και σταχυν τον αγαπη

      10   τον μου ασπασασθε απελλην τον δοκι

            μον εν χ̄ρ̄ω̄   ασπασασθε τους εκ των

      11   αριστοβουλου ασπασασθε ηρωδιωνα

            τον συγγενην μου   ασπασασθε τους   20

      [εκ] των ναρκισσου τους οντας εν κῶ

12 [ασπ]ασασθε τρυφαιναν και τρυφωσαν
      [τας κο]πιουσας εν κῶ   ασπασαθε περσι
      [δα την] αγαπητην ητις πολλα εκοπι

13 [ασεν εν κ]ῳ   ασπασασθε ρουφον τον εγ   25
      [λεκτον εν κ]ῳ και την μητερα

14 [αυτου και εμου ασπασασθε ασυγκριτον]

XVI.   5 απ αρχης: απαρχη   ασιας: Αχαιας
       6 ϋμας: ημας
       7 ανδρονεικον: Ανδρονικον   τους συναιχμαλωτους: om τους   ος: οι   γε-
          γονεν: γεγονασιν
       8 αγαπητον: add μου
     11 συγγενην: συγγενη
     12 [κο]πιουσας: κοπιωσας
     13 εγ[λεκτον]: εκλεκτον

M

XVI.   φλεγοντα   ερμην ερμαν πατροβαν και

  15 τους συν αυτοις αδελφους   ασπασασθε
       φιλολογον   και βηρεα   και αουλιαν και
       την αδελφην αυτου   και ολυμπαν και

  16 τους συν αυτοις αγιους   ασπασασθε αλληλους   5
       εν φιληματι αγιω   ασπαζονται ϋμας

  17 αι εκκλησιαι πασαι του χρυ   παρακαλω
       δε υμας αδελφοι σκοπειν τους τας διχο
       στασιας   και σκανδαλα παρα την διδαχην
       ποιουντας   ην ϋμεις εμαθετε η λεγον   10
       τας η ποιουντας εκκλεινατε απ αυτων

  18 οι γαρ τοιουτοι τω κῶ   ημων χρω   ου δουλευ
       ουσιν   αλλα τη εαυτων κοιλια και δια της
       χρηστολογιας και ευλογιας εξαπατωσιν τας

  19 καρδιας των ακακων η γαρ ϋμων ϋπακοη   15
       εις παντας αφεικετο   χαιρω ουν εφ υμ[ι]ν
       και θελω δε υμας σοφους ειναι εις το αγαθον

  20 ακεραιους δε εις το κακον ο δε θς   τη[ς]
       ειρηνης   συντριψει τον σαταναν ϋπο το[υ]s
       ποδας ϋμων εν ταχει   η χαρις του κυ ημ[ων]   20

  21 ιηυ   μεθ υμων   ασπαζεται ϋμας τιμ[οθεος]
       ο συνεργος μου   και λουκιος ϊασων [σωσιπα]

  22 τρος   οι συγγενεις μου   ασπαζο[μαι υμας]

εγω τερτιος ο γραψας την [επιστολην]

23 εν κ͞ω   ασπαζεται υ[μ]ας [γαιος ο ξενος]   25

[μου και της εκκ]λησι[ας ολης ασπαζεται]

[υμας εραστος ο οικονομος της πολεως]

XVI. 14 ερμην: tr post Πατροβαν

15 βηρεα και αουλιαν: Ιουλιαν Νηρεα   αυτοις: add παντας

16 εκκλησιαι πασαι: om πασαι

17 σκανδαλα: pr τα   ποιουντας ην ϋμεις εμαθετε η λεγοντας η ποιουντας: ην υμεις εμαθετε ποιουντας και   εκκλεινατε: εκκλινατε

18 ημων: add Ιησου   εξαπατωσιν: εξαπατωσι

19 αφεικετο: αφικετο   ουν: add το   και θελω: om και   σοφους: add μεν

20 ι͞η͞υ: add Χριστου

21 ασπαζεται: ασπαζονται   λουκιος: add και   ιασων: add και

MA

και κουαρτος ο αδελφος ——————————

——————   στιχ λ

XVI. 23 αδελφος: add XVI. 24–27 η χαρις .... αμην

ΠΡΟΣ ΕΒΡΑΙΟΥΣ

I. 1 πολυμερως και πολυτροπως
                                            ημων
    παλαι ο θ̄ς λαλησας τοις πατρασιν εν   5
    τοις προφηταις επ εσχατου των ημε
    ρων τουτων ελαλησεν ημειν εν
  2 υἴω ον εθηκεν κληρονομον παντω̄
  3 δι ου εποιησεν τους αιωνας ος ων
    απαυγασμα της δοξης και χαρα   10
    κτηρ της υποστασεως αυτου φερων τε
    τα παντα τω ρηματι της δυναμεως
    δι αυτου καθαρισμον των αμαρτιων
    ποιησαμενος εκαθισεν εν δεξια της
  4 μεγαλωσυνης εν υψηλοις τοσουτων   15
    κρειττων γενομενος αγγελων οσ
    ω διαφορωτερον παρ αυτους κεκλη
  5 ρονομηκεν ονομα τινι γαρ ειπεν
    ποτε των αγγελων ῡις μου ει συ
    εγω σημερον γεγεννηκα σε και παλιν   20
    [ε]γω εσομαι αυτω εις πατερα και αυ
  6 [τος ε]σται μοι εις ῡν οταν δε παλιν
    [εισαγαγ]η τον πρωτοτοκον εις την οικου
    [μενην] λεγει και προσκυνησατωσαν
  7 [αυτω παντε]ς αγ[γ]ελοι θ̄υ και προς μεν   25
    [τους αγγελους λεγει ο ποιων αγγελους]
    [αυτου π̄ν̄α και τους λειτουργους αυτου]

I. 1 ημων add supra man 2

I. 1 εσχατου: εσχατων
   2 εθηκεν: εθηκε   δι ου: add και   εποιησεν τους αιωνας: και τους
      αιωνας εποιησεν
   3 δυναμεως: add αυτου   δι αυτου: δι' εαυτου   των αμαρτιων ποιησαμε
      νος: ποιησαμενος των αμαρτιων ημων
   4 τοσουτων κρειττων: τοσουτω κρειττων   αγγελων: των αγγελων
   5 ειπεν: ειπε

MB

I. 8 πυρος φλογα προς δε τον υ̅ν̅   ο θρονος σου
ο θ̅s̅ εις τον αιωνα του αιωνος και η ραβδος
της ευθυτητος ραβδος της βασιλειας αυτου

9 ηγαπησας δικαιοσυνην και εμεισησας
ανομιαν· δια τουτο εχρεισεν σε ο θ̅s̅ ο θ̅s̅ σου   5
ελαιον αγαλλιασεως παρα τους μετοχους

10 σου και συ κατ αρχας κ̅ε̅ την γην εθε
μελιωσας και εργα των χειρων σου εισιν

11 οι ουρανοι αυτοι απολουνται συ δε δια
μενεις και παντες ως ϊματιον παλαιω   10

12 θησονται και ωσει περιβολαιον ελειξει[s]
αυτους ως ϊματιον και αλλαγησονται σ[υ]
δε ο αυτος ει' και τα ετη σου ουκ εκλειψουσι̅

13 προς τινα δε των αγγελων ειρηκεν πο
τε καθου εκ δεξιων μου εως αν θω τους εχθρ[ο]υς   15

14 σου ϋποποδιον των ποδων σου ουχι παντες
εισι λειτουργικα π̅ν̅α̅ εις διακονιαν απο
στελλομενα δια τους μελλοντας κληρονο

II. 1 μειν σωτηριαν δια τουτο δει περισσοτε
ρως προσεχειν ημας τοις ακουσθεισι̣   20

2 μη ποτε παραρυωμεν ει γαρ ο δι αγγ[ελων]
λαληθεις λογος εγενετο βεβαιος κ[αι πα]
σα παραβασις και παρακοη ελ[αβεν]

3 ενδικον μισθαποδοσιαν π[ως ημεις]
εκφευξωμε[θα] τηλικα[υτης αμελησαν]   25
[τες σωτηριας ητι]s αρχ[ην λαβουσα λαλεισ]

I. 8 και η: om   της ευθυτητος: ευθυτητος η   αυτου: σου
9 εμεισησας: εμισησας   εχρεισεν: εχρισε
12 ελειξεις: ελιξεις   ως ιματιον: om
13 ειρηκεν: ειρηκε
II. 1 προσεχειν ημας: tr   παραρυωμεν: παραρρυωμεν
3 εκφευξωμε[θα]: εκφευξομεθα

ΜΓ

II. θαι δια του κ̅υ̅ υπο των ακουσαντω̅

4 εις ημας εβεβαιωθη συνεπιμαρτυ
ρουντες του θ̅υ̅ σημειοις τε και τε
ρασιν και ποικιλαις δυναμεσιν

και π̅ν̅ς̅ αγιου μερισμοις κατα την αυτου   5

5   θελησιν' ου γαρ αγγελοις ὑπεταξεν
την οικουμενην' την μελλουσαν

6   περι ης λαλουμεν' διεμαρτυρατο δε
που τις λεγων' τις εστιν ανθρωπος οτι
μιμνησκη αυτου η υ̅ι̅ς̅ ανθρωπου οτι   10

7   επισκεπτη αυτον' ηλαττωσας αυτον
βραχυ τι παρ αγγελους' δοξη και τει

8   μη εστεφανωσας αυτον' παντα ὑπετα
ξας ὑποκατω των ποδων αυτου' εν γαρ
τω υποταξαι ουδεν αυτω αφηκεν   15
ανὑποτακτον' νυν δε ουπω ορωμεν

9   αυτω παντα υποτεταγμενα' τον δε
βραχυ τι παρ αγγελους ηλαττωμενον
βλεπομεν ι̅η̅ν̅ δια το παθημα του θα
νατου' δοξη και τειμη ε⏑⏑φανωμεν̅ο̅   20
οπως χαριτι θ̅υ̅ υπερ ⏑αντος γευση

10   [τ]αι θανατου επρεπεν γαρ αυτω δι ον
[τα π]αντα και δι ου τα παντα πολλους
[υιους ε]ις δοξαν αγαγοντα' τον αρχηγον
[της σωτηρι]ας αυτ[ω]ν δια παθηματων   25

11   [τελειωσαι ο τ]ε γαρ α[γιαζων και οι]
[αγιαζομενοι εξ ενος παντες δι ην]

II.   4   συνεπιμαρτυρουντες: ε² prim scr sed corr o man 1

II.   4   τερασιν: τερασι   δυναμεσιν: δυναμεσι
     5   υπεταξεν: υπεταξε
     6   τις: τι
     7   τειμη: τιμη   αυτον²: add και κατεστησας αυτον επι τα εργα των
       χειρων σου
     8   ουδεν αυτω: αυτω τα παντα ουδεν   αφηκεν: add αυτω   παντα: τα
       παντα
     9   τειμη: τιμη
    10   επρεπεν: επρεπε

ΜΔ

II.   αιτιαν ουκ επαισχυνεται αδελφους

12   αυτους καλειν' λεγων απαγγελω το ο
νομα σου τοις αδελφοις μου εν μεσω εκ

13   κλησιας ὑμνησω σε και παλιν εγω εσο
μαι πεποιθως επ αυτω και παλιν ἰδου εγω   5

14   και τα παιδια α μοι εδωκεν ο θ̅ς̅' επει ουν

τα παιδια κεκοινωνηκεν αιματος και
σαρκος' και αυτος παραπλησιως μετεσχε̄
των αυτων ϊνα δια του θανατου καταργη
ση τον το κρατος εχοντα του θανατου' του   10
15 τεστιν τον διαβολον' και απαλλαξη
τουτους οσοι φοβω θανατου' δια παν
16 τος του ζην ενοχοι ησαν δουλειας' ου γαρ
δηπου αγγελων επιλαμβανεται' αλλα
17 σπερματος αβρααμ επιλαμβανεται' οθεν   15
ωφειλεν κατα παντα τοις αδελφοις ομοι
ωθηναι' ϊνα ελεημων γενηται και πιστος
αρχιερευς' τα προς τον θ̄ν̄ εις το ειλασκεσ
18 θαι τας αμαρτιας του λαου' εν ω γαρ πεποθε̄
αυτος' πειρασθεις' δυναται τοις πειραζο   20
III. 1 μενοις βοηθησαι' οθεν αδελφοι αγιοι κλη
σεως επουρανιου μετοχοι' κατανοησατ[ε]
τον αποστολον και αρχιερεα της ομο[λογι]
2 ας ημων ῑη̄ν̄ πιστον οντα' τω πο[ιησαντι]
3 αυτον ως και [μ]ωυσης ε[ν τ]ω οι[κω αυτου πλει]   25
[ονο]ς γαρ ουτ[ος δοξ]ης π[αρα μωυσην ηξι]
[ωται καθ οσον πλειονα τιμην του οικου]

III. 2   vid om ολω, sed fors scrip ολω οικω pro τω οικω

II. 14 κεκοινωνηκεν: κεκοινωνηκε   αιματος και σαρκος: σαρκος και αιματος
      μετεσχε̄: μετεσχε   τουτεστιν: τουτεστι
17 ωφειλεν: ωφειλε   ειλασκεσθαι: ιλασκεσθαι
18 πεποθε̄: πεπονθεν
III. 1 ῑη̄ν̄: Χριστον Ιησουν
2 μωυσης: Μωσης   εν: add ολω
3 ουτ[ος δοξ]ης: tr   [του οικου]: tr post εχει

ΜΕ

III. 4 εχει ο κατασκευασας αυτον' πας
γαρ οικος κατασκευαζεται υπο τι
νος' ο δε παντα κατασκευασας θ̄ς̄'
5 και μωυσης μεν πιστος εν ολω τω
οικω αυτου' ως θεραπων εις μαρτυ   5
ριον των λαληθησομενων'
6 χ̄ρ̄ς̄_{εσ} δε ως ῡσ̄ επι τον οικον αυτου ος
οικος μεν ημεις' εανπερ την παρ

ρησιαν και το καυχημα της ελπιδος

7 κατασχωμεν' διο καθως λεγει το π̅ν̅α̅   10
το αγιον   σημερον   εαν της φωνης

8 μο̈υ   αυτου ακουσητε μη σκληρυ
νητε τας καρδιας ϋμων' ως εν τω
παραπικρασμω κατα την ημεραν

9 του πειρασμου εν τη ερημω ου επειρα   15
σαν οι πατερες ϋμων εν δοκιμασια
και ειδον τα εργα μου τεσσερακοντα

10 ετη διο προσωχθισα τη γενεα ταυτη
και ειπον αει πλανωνται τη καρδια'
αυτοι δε ουκ εγνωσαν τας οδους μου   20

11 ως ωμοσα εν τη οργη μου ει εισελευ
σονται εις την καταπαυσιν μου

12 βλεπετε αδελφοι μη ποτε εσται εν
[τινι] υμων καρδια πονηρα απιστιας

13 [εν τω α]ποστηναι απο θ̅υ̅ ζωντος' αλ   25
[λα παρα]κα[λε]ιτε εαυτο[υ]s καθ εκαστην
[ημεραν αχρις] ου τ[ο σ]η[μερον κα]λει
[ται ινα μη σκληρυνθη τις εξ υμων]

III. 6 εσμεν: scrip μεν man 1, add εσ supra man 2
      7 μου post φωνης add man 1, del man 1 et 3

III. 5 μωυσης: Μωσης
      6 os: ου   ελπιδος: add μεχρι τελους βεβαιαν
      7 μο̈υ: om
      9 επειρασαν: add με   εν δοκιμασια: εδοκιμασαν με   τεσσερακοντα:
        τεσσαρακοντα
      10 ταυτη: εκεινη

Μϛ

III. 14 απατη' της αμαρτιας' μετοχοι γαρ του
χ̅ρ̅υ̅ γεγοναμεν' εανπερ την αρχην
της ϋποστασεως μεχρι τελους βεβαι

15 αν κατασχωμεν' εν τω λεγεσθαι' σημερον
εαν της φωνης αυτου ακουσητε μη σκλη   5
ρυνητε τας καρδιας ϋμων ως εν τω πα

16 ραπικρασμω' τινες γαρ ακουσαντες παρε
πικραναν' αλλ ου παντες οι εξελθοντες

17 εξ αιγυπτου δια μωυσεως' τισιν δε προσω
χθισεν τεσσερακοντα ετη' ουχι τοις αμαρτη   10

σασιν ων τα κωλα επεσεν εν τη ερημω'

18 τισιν δε ωμοσεν μη εισελευσεσθαι εις την
κατapαυσιν αυτου' ει μη τοις απιστησασιν

19 και βλεπομεν οτι ουκ ηδυνηθησαν εισελ

IV. 1 θειν δι απιστιαν' φοβηθωμεν ουν μη   15
ποτε καταλειπομενης επαγγελιας ει
σελθειν εις την καταπαυσιν αυτου' δο

2 κη τις εξ ϋμων υστερηκεναι και γαρ εσ
μεν ευηγγελισμενοι καθαπερ κακεινοι
αλλ ουκ ωφελησεν ο λογος της ακοης εκει   20
νους' μη συνκεκερασμενους τη πιστει

3 τοις ακουσασιν εισερχομεθα γαρ εις καταπα[υ]
σιν οι πιστευσαντες καθως ειρηκεν' ως
ωμοσα εν τη οργη μου ει εισελευ[σονται]
εις την καταπαυσιν μου καιτοι τ[ων εργων]   25

4 απο καταβολης κοσμου γενη[θεντων ειρη]
[κεν γαρ που περι της εβδομης ουτως και]
[κατεπαυσεν ο θ̄σ̄ εν τη ημερα τη εβδομη]

III. 14 του χ̄ρ̄ῡ γεγοναμεν: γεγοναμεν του Χριστου
16 μωυσεως: Μωσεως
17 τισιν: τισι προσωχθισεν: προσωχθισε τεσσερακοντα: τεσσαρα-
κοντα
18 τισιν: τισι ωμοσεν: ωμοσε απιστησασιν: απειθησασι
IV. 2 συνκεκερασμενους: συγκεκραμενος
3 εις[1]: add την

MZ

IV. 5 απο παντων των εργων αυτου και εν
τουτω παλιν ει εισελευσονται εις την

6 καταπαυσιν μου' επει ουν απολιπεται
τινας εισελθειν αυτην και οι προτε
ρον ευαγγελισθεντες ουκ εισηλθον   5

7 δι απιστιαν' παλιν τινα οριζει σημε
ρον εν δαυειδ λεγων μετα τοσουτον
χρονον καθως προειρηται' εαν της
φωνης αυτου ακουσητε μη σκληρυνητε

8 τας καρδιας ϋμων' ει γαρ αυτους ῑη̄σ̄ κατε   10
παυσεν ουκ αν περι αλλης ελαλει μετα

9 ταυτα' ημερας αρα απολιπεται σαββατισ

10 μος τω λαω του θ̄ῡ' ο γαρ εισελθων εις την

καταπαυσιν αυτου και αυτος κατεπαυσεν
απο των εργων αυτου· ωσπερ απο των   15
11 ιδιων ο θ̄σ̄· σπουδασωμεν ουν εισελθειν
εις εκεινην την καταπαυσιν· ινα μη εν
τω αυτω τις υποδιγματι πεση της απιστι
12 ας ζων γαρ ο λογος του θ̄ῡ και ενεργης και
τομωτερος υπερ πασαν μαχαιραν διστο   20
μον και διικνουμενος αχρι μερισμου
ψυχης και π̄ν̄σ̄ αρμων τε και μυελων
[κ]αι κριτικος ενθυμησεων και εννοιων
13 [καρδι]ας και ουκ εστιν κτισις αφανης
[ενωπιο]ν αυτου· παντα δε γυμνα· και τετρα   25
[χηλισμενα] τοις οφθαλμοις αυτου· προς ον
14 [ημιν ο λογος] εχον[τ]ες ο[υν] αρχ[ιερεα]
[μεγαν διεληλυθοτα τους ουρανους]

IV. 6 αυτ... ... απιστιαν: απειθειαν
     7 οριζει: add ημεραν   δαυειδ: Δαβιδ   προειρηται: ειρηται σημερον
     9 απολιπεται: απολειπεται
   11 απιστιας: απειθειας
   12 ψυχης: add τε
   13 εστιν: εστι

ΜΗ

IV. 15 ῑη̄ν̄ τον ῡν̄ του θ̄ῡ· κρατωμεν της ομολογιας· ου
γαρ εχομεν αρχιερεα μη δυναμενον συνπαθη
σαι ταις ασθενειαις ημων· πεπειρασμενον δε
κατα παντα καθ ομοιοτητα χωρις αμαρτιας·
16 προσερχωμεθα ουν μετα παρρησιας τω θρο   5
νω της χαριτος ινα λαβωμεν ελεος και χαριν
V. 1 ευρωμεν εις ευκαιρον βοηθειαν· πας γαρ αρ
χιερευς εξ ανθρωπων λαμβανομενος· υπερ
ανθρωπων καθισταται προς τον θ̄ν̄ ινα προσ
2 φερη δωρα και θυσιας περι αμαρτιων· μετρι   10
οπαθειν δυναμενος τοις αγνοουσι και πλα
νωμενοις· επει και αυτος περικειται ασθε
3 νειαν και δι αυτην οφειλει καθως περι του
λαου· ουτως και περι αυτου προσφερει περ[ι]
4 αμαρτιων και ουχ εαυτω τις λαμβανει την   15
τειμην αλλα καλουμενος υπο τ[ο]υ θ̄ῡ· καθωσπερ
5 και ααρων ουτως και ο χ̄ρ̄σ̄· ουχ εαυτον εδοξα

σεν γενηθηναι αρχιερεα' αλλα ο λαλησας
προς αυτον υ̅ι̅ς̅ μου ει συ εγω σημερον γεγεν
6 γηκα σε καθως και εν ετερω λεγει συ ει   20
ι̇ερευς
επευξ εις τον αιωνα κατα την ταξιν
7 μελχισεδεκ' ος εν ταις ημεραις τ[ης σαρ]
κος αυτου δεησεις τε και ϊκετηρι̣[ας προς]
τον δυναμενον σω̣ζειν αυτο̣[ν εκ θανα]
[του]' μεγα κραυγη[ς ι]σχυρα̣[ς και δακρυων]   25
[προσενεγκας και εισακουσθεις απο της]
8 [ευλαβειας καιπερ ων υ̅ς̅ εμαθεν αφ ων επαθεν]

V. 6 ϊερευς: scrip επευξ man 1, corr supra man 2

IV. 15 συνπαθησαι: συμπαθησαι   πεπειρασμενον: πεπειραμενον
16 ελεος: ελεον
V. 1 καθισταται: add τα   δωρα: add τε   περι: υπερ
3 δι αυτην: δια ταυτην   ουτως: ουτω   αυτου: εαυτου   περ[ι]: υπερ
4 τειμην: τιμην   αλλα: add ο   καθωσπερ: καθαπερ   ααρων: ο
Ααρων
5 ουτως: ουτω   εδοξασεν: εδοξασε   αλλα: αλλ'
6 ει: om

ΜΘ

V. 9 την υπακοην' και τελειωθεις εγενετο πα
σιν τοις υπακουουσιν αυτω' αιτιος σωτη̣
10 ριας αιωνιου' προσαγορευθεις ϋπο του θ̅υ̅
συ ει αρχιερευς κατα την ταξιν μελχι
                    ο
11 σεδεκ' περι ου πολυς ημειν λογος και δυσ   5
ερμηνευτος λεγειν' επει νωθροι γεγο
12 νατε ταις ακοαις' και γαρ οφειλοντες ειναι
διδασκαλοι δια τον χρονον' παλιν χρειαν
εχετε του διδασκειν ϋμας τινα στοι
χεια της αρχης των λογιων του θ̅υ̅' και   10
γεγονατε' χρειαν εχοντες γαλακτος' ου
13 στερεας τροφης' πας γαρ ο μετεχων γαλα
κτος απειρος λογου δικαιοσυνης' νηπιος
14 γαρ εστιν' τελειων δε εστιν η στερεα
τροφη' των δια την εξιν τα αισθη   15
τηρια' γεγ[υ]μνασμενα εχοντων προς
VI. 1 διακρισιν κ̣αλου τε και κακου' διο αφεν
τες τον τη[ς] αρχης του χ̅υ̅ λογον' επι την
              μ
θεμελιοτ[η]τα φερω̇νεθα' μη παλιν θε

μελιον καταβαλλομενοι μετανοιας απο   20

2 [ν]εκρων εργων' και πιστεως επι θν̅' βα
[πτι]σμων διδαχην επιθεσεως τε χειρων'
[ανασ]τασεως τε νεκρων' και κριματος

3 [αιωνιου] και τουτο ποιησομεν εανπερ

4 [επιτρεπ]η ο θ̅s̅' αδυνατον γαρ τους   25
[απαξ φωτισθεντας γ]ευσαμενους της
[δωρεας της επουρανιου και μετοχους]

V. 11 ο λογος: om ο man 1, add man 2
VI. 1 φερωνεθα man 1, super ν scrip μ man 2

V. 9 πασιν: om   αυτω: add πασιν
10 συ ει: om
11 ημειν: ημιν
12 τινα: add τα   γαλακτος: add και
VI. 1 θεμελιοτ[η]τα: τελειοτητα
2 διδαχην: διδαχης
4 γ]ευσαμενους: add τε

N

VI. 5 γενηθεντας π̅ν̅ς̅ αγιου' και καλον γευσαμε
νους θ̅υ̅ ρηματος' δυναμις τε μελλοντος

6 αιωνος' και παραπεσοντας παλιν ανα
καινιζειν εις μετανοιαν' αν̅αστρες
εαυτους τον υι̅ν̅ του θ̅υ̅ και παραδιγματι   5

7 ζοντας' γη γαρ η πιουσα τον επ αυτης
ερχομενον πολλακις ϋετον' και τικτουσα
βοτανην ευθετον' εκεινοις' δι οις και γε
ωργειται μεταλαμβανει ευλογιας απο του

8 θ̅υ̅' εκφερουσα δε ακανθας και τριβο   10
λους αδοκιμος και καταρας' εγγυς' ης

9 το τελος εις καυσιν' πεπισμεθα δε περι
ϋμων αγαπητοι' τα κρισσονα και εχομε

10 να σωτηριας' ει και ουτως ελαβομεν ου
γαρ αδικος ο θ̅s̅ επιλαθεσθαι του εργου   15
ϋμων' και της αγαπης ην ενεδειξασθε
εις το ονομα αυτου' διακονησαντες τοις

11 αγιοις και διακονουντες επιθυμουμεν
εκαστον ϋμων την αυτην δεικνυσθαι
σπουδην προς την πληροφοριαν της   20

12 ελπιδος αχρι τελους' ινα μη νω[θ]ρο[ι γε]

νησθε' μειμηται δε των δια πι[στεως]
και μακροθυμιας κληρονομ[ουντων]

13 τας επαγγελιας' τω γαρ α̣[βρααμ επαγ]
[γειλαμενος ο θ̅s επει κατ ουδενος]   25

VI.   6 εαυτους man 1; super υ² scrip ι man 2 et del υ

VI.   5 ρηματος: ρημα
      6 ανασ̅τρε̅s: αναστραυρουντας   παραδιγματιζοντας: παραδειγματιζον-
         τας
      7 ερχομενον πολλακις: πολλακις ερχομενον   οις: ους
      9 πεπισμεθα: πεπεισμεθα   κρισσονα: κρειττονα   ουτως: ουτω   ελα-
         βομεν: λαλουμεν
     10 και¹: add του κοπου   ην: ης
     11 εκαστον: pr δε   δεικνυσθαι: ενδεικνυσθαι
     12 μειμηται: μιμηται

NA

VI.   ειχε μειζονος ομοσαι' ωμοσε κα
     14 θε εαυτου λεγων' ει μην ευλογων
         ευλογησω σε' και πληθυνων πλη
     15 θυνω σε' και ουτω μακροθυμησας
     16 επετυχεν της επαγγελιας' ανθρωποι   5
         γαρ κατα του μειζονος ομνυουσιν'
         και πασης αντιλογιας αυτοις περας εις
     17 βεβαιωσιν' ο ορκος εν ω περισσοτερον'
         ο θ̅s βουλομενος επιδειξαι τοις κληρο
         νομοις της επαγγελιας' το αμεταθετον   10
         της βουλης αυτου' εμεσειτευσεν ορκω'
     18 ινα δια δυο πραγματων αμεταθετων'
         εν οις αδυνατον ψευσασθαι τον θ̅ν' ισχυ
         ραν   παρακλησιν εχωμεν' οι καταφυγον
         τες κρατησαι της προκειμενης ελπιδος'   15
     19 ην ως αγκυραν εχομεν' της ψυχης
         ασφαλη τε και βεβαιαν και εισερ
         χομενην εις το   εσωτερον του κατα
     20 πετασματος οπου προδρομος υπερ
         ημων εισηλθεν ι̅η̅s   κατα την ταξιν   20
         μελχισεδεκ' αρχιερευς γενομενος
VII. 1 [εις] τον αιωνα' ουτος γαρ μελχισεδεκ
         [βασιλ]ευς σαμουηλ ιερευς του θ̅υ του
         [υψιστου] ο συναντησας τῳ̇ αβρααμ

[υποστρεφο]ντι απο της κοπης των   25
2 [βασιλεων και ευλογησας αυτον ω]

VII. 1 σαμουηλ man 1; corr σαλημ man 3   τω αβρααμ man 1; del τω man 2 et 3

VI. 13 καθε εαυτου: καθ' εαυτου
14 ει: η
16 ανθρωποι: add μεν   ομνυουσιν: ομνυουσι   αντιλογιας αυτοις: tr
17 ο θ̅ς̅ βουλομενος: βουλομενος ο θεος   εμεσειτευσεν: εμεσιτευσεν
18 τον θ̅ν̅: θεον
VII. 1 μελχισεδεκ: pr ο   σαμουηλ: Σαλημ

NB

VII.   και δεκατην   απο παντος αυτω εμερισεν
  αβρααμ' πρωτον μεν ερμηνευομενος
  βασιλευς δικαιοσυνης' επειτα βασιλευς
  σαμουηλ ος εστιν βασιλευς ειρηνης'
3 απατωρ αμητωρ αγενεαλογητος μητε   5
  αρχην ημερων   μητε ζωης τελος εχων'
  αφομοιωμενος δε τω υ̅ω̅   του θ̅υ̅' μενει
4 ιερευς εις το διηνεκες θεωρειτε δε πη
  λικος ουτος' ω δεκατην αβρααμ εδωκεν
5 εκ των ακροτινιων' ο πατριαρχης' και οι   10
  μεν εκ των υιων λευει την ιερατειαν
  λαμβανοντες' εντολην εχουσιν αποδε
  κατοιν τον λαον κατα τον νομον' τουτ εστι̅
  τους αδελφους αυτων' καιπερ εξεληλυθοτας
6 εκ της οσφυος αβρααμ' ο δε μη γενεαλογου   15
  μενος   εξ αυτων δεδεκατωκεν αβρααμ'
  και τον εχοντα τας επαγγελιας ευλογ[ηκεν]
7 ＼χωρις δε πασης αντιλογιας το ελαττον [υπο]
8 του κριττονος ευλογειται'   και ωδε με[ν δε]
  καδας αποθνησκοντες ανθρωποι λα[μβα]   20
  νουσιν' εκει δε μαρτυρουμενος οτι ζ[η]
9 και ως επος ειπειν δι αβρααμ και λε[υει]
10 ο δεκαδας λαμβανων δεδεκατωτ[αι ετι]
  γαρ εν τη οσφυει του πατρος' η[ν οτε συνην]
11 τησεν αυτω μελχ[ισ]εδε[κ' ει μεν ουν τε]   25
  [λειωσις δια της λευιτικης ιερωσυνης]

VII. 2 σαμουηλ man 1; corr σαλημ man 3
7 notae duae ante χωρις add man 2

VII. 2 παντος αυτω: παντων   επειτα: add δε και   σαμουηλ: Σαλημ   os
εστιν: ο εστι
3 αφομοιωμενος: αφωμοιωμενος
4 ω: add και   ακροτινιων: ακροθινιων
5 λευει: Λευι   αποδεκατοιν: αποδεκατουν   τουτ εστι͞: τουτεστι
6 δεδεκατωκεν: δεδεκατωκε   αβρααμ: pr τον
7 κριττονος: κρειττονος
8 [δε]καδας: δεκατας
10 οσφυει: οσφυι   μελχ̣[ισ]εδε[κ]: pr ο

ΝΓ

VII.   ην ο λαος επ αυτης νενομοθετηται'
τις   ετι χρεια κατα την ταξιν μελ
χισεδεκ   ετερον ανιστασθαι ϊερεα'
και ου κατα την ταξιν ααρων   λε
12 γεσθαι' μετατιθεμενης γαρ της   5
ϊερωσυνης εξ αναγκης και νομου
13 μεταθεσιν γεινεσθαι' εφ ον γαρ λεγε
ται ταυτα' φυλης ετερας μετεσχεν
αφ ης ουδεις προσεσχεν τω θυσιαστη
14 ριω' προδηλον γαρ   οτι εκ ιουδα ανα   10
τεταλκεν ο κ̄ς̄ ημων'   εις ην φυλην'
περι ϊερεων   μωυσης ουδεν ελαλη
15 σεν'   και περισσοτερον ετι κατα
δηλον εστιν ει κατα την ομοιοτητα
μελχισεδεκ ανιστασθαι   ϊερευς   15
16 [ετ]ερος' ου κατα νομον εντολης σαρ
[κι]νης γεγονεν αλλα κατα δυναμιν
17 [ζ]ωης ακαταλυτου μαρτυρειται γαρ
[οτι] συ ει ιερευς εις τον αιωνα' κατα τη̄
18 [τα]ξιν μελχισεδεκ' αθετησις γαρ   20
[γι]νεται προαγουσης εντολης δια το
19 [αυ]της ασθενες και ανωφελες' ου γαρ
[ετελει]ωσεν ο νομος' επεισαγωγη δε
[κρειττονος] ελπιδος δι ης εγγιζομεν
20 [τω θ̄ω̄ και καθ οσον ου] χωρις ορκω̣   25

VII. 11 ααρων: scrip αρων man 1; corr ααρων man 1

VII. 11 λαος: add γαρ   αυτης: αυτη   νενομοθετηται: νενομοθετητο
12 μεταθεσιν γεινεσθαι: μεταθεσις γινεται
13 μετεσχεν: μετεσχηκεν   προσεσχεν: προσεσχηκε

14 εκ: εξ   ϊερεων: ιερωσυνης   μωυσης: Μωσης   ουδεν: tr ante περι
    ελαλησεν: ελαλησε
15 ανιστασθαι: ανισταται
16 ου: pr os   σαρ[κι]νης: σαρκικης
17 μαρτυρειται: μαρτυρει   ει: om

ΝΔ

VII.   μοσιας εισιν ϊερεις' οι μεν γαρ χωρις ορ
   21   κωμοσιας γεγονοτες' ο μετ ορκωμοσιας
       δια του λεγοντος προς αυτον ωμοσεν κ̄ς̄
       και ου μεταμεληθησεται   συ ει ϊερευς
   22   εις τον αιωνα' κατα τοσουτο κριττονος   5
   23   διαθηκης γεγονεν εγγυος ῑη̄ς̄'   και οι
       μεν   πλειονες εισιν γεγονοτες ϊερεις
       δια το θανατω κωλυεσθαι παραμενε̄ῑ'
   24   ο δε δια το μενειν αυτον εις τον αιω
       να απαραβατον εχει την ϊερωσυνην'   10
            ^{και}
   25   οθεν σωζει εις το παντελες' δυναται
       τους προσερχομενους δι αυτου τω θ̄ω̄
       παντοτε ζων εις το εντυγχανειν
   26   υπερ αυτων' τοιουτος γαρ ημειν
       και επρεπεν αρχιερευς οσιος ακακος   15
       αμιαντος κεχωρισμενος απο των
       αμαρτωλων   και υψηλοτερος των
   27   ουρανων   γενομενος ος ουκ εχει
       καθ ημεραν αναγκην' ωσπερ οι αρ
       χιερεις προτερον υπερ των ϊδιων   20
       αμαρτιων αναφερειν επειτα των
       του λαου' τουτο γαρ εποιησεν απαξ
   28   εαυτον ανενεγκας' ο νομο[s γαρ ανθρω]
       [πους καθιστησιν α]ρχιερ[εις εχοντας]
       [ασθενειαν ο λογος δε της ορκωμοσιας]   25

VII. 25 και om man 1; add supra man 2

VII. 20 εισιν ϊερεις: tr post ορκωμοσιας²
   21 ο μετ: ο δε μετα   ωμοσεν: ωμοσε   ει: om   αιωνα: add κατα την
       ταξιν Μελχισεδεκ
   22 τοσουτο κριττονος: τοσουτον κρειττονος
   23 εισιν: εισι
   25 σωζει: σωζειν
   26 ημειν: ημιν   και¹: om
   27 αμαρτιων: add θυσιας   απαξ: εφαπαξ

NE

της μετα τον νομον υιον εις τον αιωνα

VIII. 1 τετελειωμενον' κεφαλαιον δε επι τοις
λεγομενοις τοιουτον εχομεν αρχιε
ρεα   ος εκαθισεν εν δεξια του θρονου
της μεγαλωσυνης εν τοις ουρανοις   5

2 των αγιων' λειτουργος γαρ και της
σκηνης της αληθεινης ην επηξεν

3 k̅s̅ ουκ ανθρωποις' πας γαρ αρχιερευς
εις το προσφερειν δωρα τε και θυσιας
καθισταται' οθεν αναγκαιον εχειν τι'   10

4 και τουτον ο προσενεγκη' ει μεν ουν
ην επι γης ουδ αν ην ιερευς' οντων
των προσφεροντων κατα νομον τα

5 δωρα' οιτινες υποδιγματι και σκια
λατρευουσιν των επουρανιων' καθως   15
κεχρηματισται μωυση μελλων επι
                                     γαρ   ν
τελειν την σκηνην' ορα γρα φησει παν
τα   κατα τον τυπον τον διχθεντα σοι

6 εν τω ορει' νυν δε διαφωρωτερας τε
τυκεν λειτουργιας οσω και κριτ'τονος   20
διαθηκης εστιν μεσειτης ητις επι
κριτ'τοσιν επαγγελιαις νενομοθε

7 [τ]ηται ει γαρ η πρωτη εκεινη ην αμεμ
[πτος ο]υκ αν δευτερας εζητειτο' τοπος

8 [μεμφομ]ενος γαρ αυτοις λεγει̅ˢ k̅s̅ και   25
[συντελεσω] επι το[ν οικον ισραηλ και]

lacuna, one leaf, VIII. 8 to IX. 10

VIII. 2 ανθρωποις man 1; del ι man 2
5 γρα man 1, corr γαρ man 3   φησει man 1; corr φησιν man 2
6 νυν man 1; add ι man 2 (i.e. νυνι)
8 post λεγει superscr s man 2; non litt vid sed nota ad marg referens

VIII. 2 γαρ: om   αληθεινης: αληθινης   k̅s̅: ο Κυριος και
4 ουν: γαρ   οντων: add των ιερεων   νομον: τον νομον
5 υποδιγματι: υποδειγματι   λατρευουσιν: λατρευουσι   μωυση: Μωσης
φησιν: φησι   add ποιησης   διχθεντα: δειχθεντα
6 διαφωρωτερας τετυχεν: διαφορωτερας τετευχε   κριτ'τονος: κρειττονος
διαθηκης εστιν: εστι διαθηκης   μεσειτης: μεσιτης   κριτ'τοσιν:
κρειττοσιν
8 λεγει: add ιδου ημεραι ερχονται λεγει

ΝΗ

IX. 10 διαφοροις βαπτισμοις δικαιωματα σαρ
κος' μεχρι καιρου διορθωσεως επικει

11 μενα' χρ̅ς̅ δε παραγενομενος αρχι
ερευς των γεναμενων αγαθων δια
της μειζονος και τελειοτερας σκηνης   5
ου χειροποιητου τουτ εστιν   ου ταυ

12 της της κτισεως ουδε δι αιματος
τραγων   και μοσχων' δια δε ιδιου
αιματος εισηλθεν εφαπαξ εις τα
αγια   αιωνια   λυτρωσιν   ευραμενος'   10

13 ει γαρ το αιμα τραγων και ταυρων και
σποδος δαμαλεως ραντιζουσα τους
κεκοινωμενους αγιαζει   προς την

14 της σαρκος καθαροτητα ποσω μαλλον
το αι̅μα̅   του χρ̅υ̅   ος δια πνευματος αιω   15
νιου   εαυτον προ[σ]ηνεγκεν αμωμον

15 τω θ̅ω̅ τω̅ ζω̅ν̅τι̅ και δια τουτου διαθη
κης καινης μεσειτης εστιν' οπως θα
νατου γενομενου εις απολυτρωσιν
των επι τη πρωτη διαθηκη παρα   20
βασεων' την επαγγελιαν λαβωσιν
οι κεκλημενοι της κληρονομιας αι[ω]

16 νιου' οπου γαρ διαθηκη θανατ[ον]
αναγκη φερε[σθαι] του δια[θεμενου]

17 [διαθηκη γαρ επι νεκροις βεβαια επει]   25
[μη ποτε ισχυει οτε ζη ο διαθεμενος]

IX. 14   τω ζωντι man 1; del man 2; superscr notam ad marg referentem man 3,
ubi pars omissa addita esse vid

IX. 10   βαπτισμοις: add και   δικαιωματα: δικαιωμασι
    11   γεναμενων: μελλοντων
    12   ιδιου: του ιδιου   αιωνια: αιωνιαν
    13   τραγων και ταυρων: ταυρων και τραγων
    14   τω θ̅ω̅: add καθαριει την συνειδησιν υμων απο νεκρων εργων εις το
       λατρευειν Θεω ζωντι
    15   τουτου: τουτο   μεσειτης: μεσιτης   κληρονομιας αι[ω]νιου: tr

ΝΘ

IX. 18 οθεν ουθ   η πρωτη χωρις αιματος εν

19 κεκενισται' λαληθεισης γαρ πασης

της εντολης κατα τον νομον ϋπο
μωυσεως παντι τω λαω λαβων το αι
μα των μοσχων   μεθ υδατος και   5
εριου κοκκινου και υσσωπου αυτο δε
το βιβλιον και παντα τον λαον εραν
20 τισεν λεγων τουτο το αιμα της διαθη
                                    ο θ̄ς̄
21 κης ης ενετειλατο προς ϋμας και την
σκηνην τε και παντα τα σκευη της   10
λειτουργιας τω αιματι ομοιως εραντισε̄
            αιματι
22 και σχεδον εν νεκρω παντα καθαρι
ζεται κατα τον νομον κ̇αι̇ σ̇χ̇ε̇δο̇ν̇
χωρις αιματος εκχυσιας' ου γεινεται
23 αφεσεις' αναγκη ουν τα μεν ϋπο   15
διγματα των εν τοις ουρανοις του
το[ις] καθαριζεσθαι' αυτα δε τα
επουρανια   κριττοσι θυσιαις παρα
24 ταυταις' ου γαρ εις χειροποιητα εισηλθε̄
αγια χ̄ρ̄ς̄' αντιτυπα των αληθεινων'   20
αλλ εις αυτον τον ουρανον νυν εμ
                            ω
φανισθηναι τω προσωπου του θ̄ῡ
25 [υ]περ ημων' ουδε ινα πολλακις προσ
[φερ]η αυτος ωσπερ ο αρχιερευς ει
                                   εν
[σερχετα]ι̣ εις τα αγια καθ ενιαυτον αιμα   25
26 [τι αλλοτρι]ω' επει ε̣δ̣ει αυτον πολλα

lacuna, 9 leaves, Hebrews IX. 26 to I Cor. II. 3

IX. 20 ο θ̄ς̄ om man 1; add supra man 2
     22 νεκρω scr man 1; corr supra αιματι man 1   και σχεδον man 1; del
         man 2
     24 προσωπου man 1; super ου scr ω man 2
     25 om εν man 1; add supra man 2

IX. 18 ουθ: ουδ'   ενκεκενισται: εγκεκαινισται
     19 της εντολης: om της   τον νομον: om τον   μοσχων: add και τραγων
         μεθ: μετα   δε: τε   εραντισεν: ερραντισε
     21 τε: δε   εραντισε̄: ερραντισε
     22 κ̇αι̇ σ̇χ̇ε̇δο̇ν̇: και   αιματος εκχυσιας: αιματεκχυσιας   γεινεται αφε-
         σεις: γινεται αφεσις
     23 υποδιγματα: υποδειγματα   κριττοσι: κρειττοσι   ταυταις: ταυτας
     24 εισηλθε̄ αγια: αγια εισηλθεν ο   αληθεινων: αληθινων
     25 ουδε: ουδ'   αυτος: εαυτον   καθ: κατ'
     26 πολλα: πολλακις

ΘΗ

II. 3 εν ασθενεια και εν φοβω και εν τρο
μω εν πολλω εγενομην προς ϋμας

4 και ο λογος μου και το κηρυγμα μου ου
κ εν πειθοις σοφιας αλλα εν απο

5 δειξει π̅ν̅s̅ και δυναμεως ινα η πι   5
στις ϋμων μη η εν σοφια ανθρωπ̅ω̅

6 αλλ' εν δυναμει θ̅υ̅ σοφιαν δε
λαλουμεν εν τοις τελειοις σοφι̅α̅
δε ου του αιωνος τουτου ουδε των
αρχοντων του αιωνος τουτου των   10

7 καταργουμενων αλλα λαλουμεν
θ̅υ̅ σοφιαν εν μυστηριω την
αποκεκρυμμενην ην προωρι
σεν ο θ̅s̅ προ των αιωνων εις δοξαν

8 ημων ην ουδεις των αρχοντων   15
του αιωνος τουτου εγνω ει γαρ εγνω
σαν ουκ αν τον κ̅ν̅ της δοξης αυτ̅ω̅

9 εστ̅ρ̅α̅ν̅ αλλα καθως γεγραπται α ο
φθαλμος ουχ ειδεν και ους ουκ η
κουσεν και επι καρδιαν α̅ν̅ο̅υ̅   20
ουκ ανεβη α ητοιμασεν ο θ̅s̅ τοις

10 αγαπωσιν αυτον ημειν γαρ απε
καλυψεν ο θ̅s̅ δια του πνευματ[os]
τ̣[ο] γαρ πνευμα παντα εραυν̣[α]

11 [κ]αι τα βαθη του θ̅υ̅ τις [γαρ οιδεν]   25
[α̅ν̅ω̅ν̅ τ]α̣ τ̣ο̣υ̣ α̅ν̅ο̅υ̅ [ει μη το πνευμα]
[του ανθρωπου το εν αυτω ουτως]

II. 10 post πνευματ[os] vid om αυτου

II. 3 εν⁴: om
4 σοφιας: ανθρωπινης σοφιας λογοις αλλα: αλλ'
7 θ̅υ̅ σοφιαν: tr
8 εγνω: εγνωκεν αυτ̅ω̅: om
9 ουχ ειδεν: ουκ ειδε ηκουσεν: ηκουσε
10 ημειν: ημιν γαρ: δε απεκαλυψεν ο θ̅s̅: ο Θεος απεκαλυψε πνευ-
ματ[os]: add αυτου εραυν̣[α]: ερευνα

74

ΟΘ

II. καὶ τα του θ̅υ̅ ουδεις εγνωκεν ει μη

12 το π̅ν̅α̅ του θ̅υ̅ ημεις δε ου το π̅ν̅α̅ του
κοσμου ελαβομεν αλλα το π̅ν̅α̅ το
εκ του θ̅υ̅ ινα ιδωμεν τα υπο του θ̅υ̅

13 χαρισθεντα ημειν α και λαλουμεν   5
ουκ εν διδακτοις ανθρωπινης σοφι
ας λογοις αλλ εν διδακτοις π̅ν̅ς̅ πνευ
ματικοις πνευματικα συνκρεινον

14 τες ψυχικος δε α̅ν̅ο̅ς̅ ου δεχεται τα του
π̅ν̅ς̅ του θ̅υ̅ μωρια γαρ αυτω εστιν   10
και ου δυναται γνωναι οτι π̅ν̅ς̅ ανα

15 κρινεται ο δε π̅ν̅ς̅ ανακρινει τα παν
τα αυτος δε ϋπ ουδενος ανακρεινε

16 ται τις γαρ εγνω νουν κ̅υ̅ ος συμβιβα
σει αυτον ημεις δε νουν χ̅ρ̅υ̅ εχομεν   15

III. 1 καγω αδελφοι ουκ ηδυνηθην λα
λησαι ϋμειν ως π̅ν̅ς̅ αλλ ως σαρκι

2 νοις ως νηπιοις εν χ̅ρ̅ω̅ γαλα ϋμας
εποτισα ου βρωμα ουπω γαρ εδυ
νασθε αλλ ουδε νυν δυνασθε   20

3 ετι γαρ σαρκικοι εστε οπου γαρ εν
υμειν ζηλος και ερις και διχοστασι
αι ουχι σαρκινοι εστε και κατα

4 α̅ν̅ο̅ν̅ περιπατειτε οταν γαρ λεγη
[τ]ις εγω μεν ειμι παυλου ετερος   25
[δε εγω α]πολλω ουκ ανθρωποι εστ[ε]

5 [τις ουν] εστιν απολλως τις δε ε[στιν]

At least one line lost

lacuna, 28 leaves, I Cor. III. 5 to II Cor. IX. 7

II. 11 εγνωκεν: οιδεν
12 ιδωμεν: ειδομεν   ημειν: ημιν
13 π̅ν̅ς̅: add Αγιου   συνκρεινοντες: συγκρινοντες
14 εστιν: εστι
15 τα παντα: μεν παντα   ανακρεινεται: ανακρινεται
III. 1 καγω: και εγω   ϋμειν: υμιν   σαρκινοις: σαρκικοις
2 εποτισα: add και   εδυνασθε: ηδυνασθε   ουδε: ουτε ετι
3 υμειν: υμιν   σαρκινοι: σαρκικοι
4 ουκ ανθρωποι: ουχι σαρκικοι
5 εστιν απολλως τις δε ε[στιν παυλος]: εστι Παυλος τις δε Απολλως

IX. 8 γαρ δοτην αγαπα ο θ̅ς̅   δυνατει δε ο θ̅ς̅
        πασαν χαριν περισσευσαι   εις υμας
        ινα εν παντι   παντοτε πασαν αυταρκι
        αν   εχοντες περισσευητε εις παν εργον
     9 αγαθον καθως γεγραπται   εσκορπισεν   5
        εδωκεν τοις πενεσιν η δικαιοσυνη αυτου
    10 μενει   εις τον αιωνα   ο δε επιχορηγων
        σπορον τω σπειροντι   και αρτον εις βρω
        σιν χορηγησει   και πληθυνει τον σπορον
        υμων   και αυξησαι τα γενηματα της   10
    11 δικαιοσυνης υμων εν παντι πλουτιζο
        μενοι εις πασαν απλοτητα ει τις κατεργα
    12 ζεται   δι ημων   ευχαριστιαν τω θ̅ω̅ οτι η
        διακονια της λειτουργιας ταυτης ου μονον
        εστιν προσαναπληρουσα τα υστερηματα των   15
        αγιων αλλα και περισσευουσα δια πολλων
    13 ευχαριστιαν τω θ̅ω̅   δια της δοκιμης της
        διακονιας ταυτης δοξαζοντες τον θ̅ν̅
        επι υποταγη της ομολογιας υμων εις το
        ευαγγελιον του χ̅ρ̅υ̅   και απλοτητι της   20
    14 κοινωνιας εις αυτους και εις παντας και
        αυτων δεησει υπερ υμων   επιποθουντων
        ημας δια την   υπερβαλλουσαν χαριν
    15 του θ̅υ̅   εφ ημειν χαρις τω θ̅ω̅ επι [τη ανεκ]
X.   1 διηγητω αυτου δωρεα αυ[το]ς δ[ε εγω]   25
        παυλ[ος] πα[ρα]κα[λ]ω υμ[α]ς δι[α της πραοτητος]
        [και επιεικειας του χ̅ρ̅υ̅ ος κατα προσω]
        [πον μεν ταπεινος εν υμιν απων δε θαρρω]

IX. 8 δυνατει: δυνατος   αυταρκιαν: αυταρκειαν
     9 εδωκεν: εδωκε   πενεσιν: πενησιν
    10 σπορον: σπερμα   χορηγησει: χορηγησαι   πληθυνει: πληθυναι   γενη-
        ματα: γεννηματα
    11 ει τις: ητις
    12 εστιν: εστι   ευχαριστιαν: ευχαριστιων
    13 υποταγη: pr τη

14 ημας: υμας   ημειν: υμιν
15 χαρις: add δε

ΡΛΖ

X. 2 εις υμας   δεομαι δε το μη παρων θαρ
ρησαι τε πεποιθησει   η λογιζομαι τολ
μησαι επι τινας τους   λογιζομενους
ημας   ως κατα σαρκα περιπατουντας
3 εν σαρκι γαρ περιπατουτᾱ̇ς   ου κατα   5
4 σαρκα στρατευομεθα   τα γαρ οπλα της στρα
τειας ημων ου σαρκικα αλλα δυνατα
τω θ̄ω̄   προς καθαιρεσιν οχυρωματων
5 λογισμους καθαιροντες και παν υψω
μα   επαιρομενον κατα της γνωσεως   10
του θ̄ῡ   και αιχμαλωτιζοντες παν νο
6 ημα εις την ϋπακοην του χ̄ρ̄ῡ   και εν ε
τοιμω εχοντες εκδικησαι πασαν παρα
κοην οταν πληρωθη   ϋμων ᶰ υπακοη
7 τα κατα προσωπον βλεπετε   ει τις   15
πεποιθεν εαυτων   χ̄ρ̄ῡ   ειναι τουτο
λογιζεσθω παλιν εφ εαυτου οτι κα
8 θως αυτος ο χ̄ρ̄σ̄   ουτως και ημεις εαν
γαρ περισσοτερον τι καυχησωμαι
καυχησομαι περι της εξουσιας ημ̄ω̄   20
ης εδωκεν ο κ̄σ̄   εις οικοδομην και
ουκ εις καθαιρεσιν ϋμων ουκ αισχυν
9 [θη]σ̣ο̣μαι ϊνα μη δοξω   ως αν εκφοβειν
10 [υμας] δια των επιστολων οτι αι επι
[στολαι φη]σ[ι]ν βαρειαι   και ϊσχυραι η δε   25
[παρουσια] του σωματος ασθενης και
11 [ο λογος εξουθενημενος] τ̣ο̣υ[το] λο̣
[γιζεσθω ο τοιουτος οτι οιοι εσ]
[μεν τω λογω δι επιστολων αποντες]

X. 3 περιπατουτας man 1; super a² scr ε man 2
6 η ante υπακοη om man 1; add supra man 2
X. 2 τε: τη
5 καθαιροντες: καθαιρουντες
7 εαυτων: εαυτω   εφ: αφ'   ο χ̄ρ̄σ̄ ουτως: Χριστου ουτω   ημεις: add
Χριστου
8 εαν γαρ: εαν τε γαρ και   καυχησομαι: om   κ̄σ̄: add ημιν
10 οτι αι: add μεν   [φη]σ[ι]ν: φησι

ΡΛΗ

X. 12 τοιουτοι και παροντες τω εργω ου γαρ τολ
μωμεν ενκρειναι εαυτους τισι των
εαυτους συνϊσταντων αλλα αυτοι
εν εαυτοις εαυτους νεκρουντες εαυ

13 τους εαυτοις ου συνιασιν ημεις δε   5
ουκ εις τα αμετρα καυχησομεθα αλλα
κατα το μετρον του κανονος ου εμε
ρισεν ημειν ο θ̄ς̄ μετρου εφεικεσθαι

14 αχρι και ϋμων ου γαρ μη ως εφεικνου
μενοι εις ϋμας ϋπερεκτεινομεν εαυτους   10
αχρι γαρ και υμων εφθασαμεν εν τω

15 ευαγγελιω του χ̄ρ̄ῡ ουκ εις τα^{α}μετρα
καυχωμενοι εν αλλοτριοις κοποις
ελπιδα δε εχοντες αυξανομενης
της πιστεως υμων εν ϋμειν μεγαλυν   15
θηναι κατα τον κανονα ημων εις πε

16 ρισσειαν εις τα ϋπερεκεινα υμων
ευαγγελισασθαι ουκ εν αλλοτριω κα

17 νονι εις τα ετοιμα καυχησασθαι ο δε

18 καυχωμενος εν κ̄ω̄ καυχασθω ου   20
γαρ ο εαυτον συνιστανων εκεινος
δοκιμος εστιν αλλα ον κ̄ς̄ συνιστ[η]

XI. 1 σιν οφελον ανειχεσθ[ε μι]κρον τι [αφρο]

2 συνης αλλα και ανεχεσθ[ε] μ[ου ζηλω]
γαρ ϋ[μας θ̄ῡ ζηλω ηρμοσαμην γαρ]   25
ϋμ[ας ενι ανδρι παρθενον αγνην]

3 [παραστησαι τω χ̄ρ̄ω̄ φοβουμαι δε]
[μηπως ως ο οφις ευαν εξηπατησεν]

X. 15 μετρα pro αμετρα man 1; superscr α man 2
X. 12 ενκρειναι: εγκριναι: add η συγκριναι   συνιστ αντων: συνιστανοντων
νεκρουντες: μετρουντες και συγκρινοντες   συνιασιν: συνιουσιν
13 ουκ: ουχι   ημειν: ημιν   εφεικεσθαι: εφικεσθαι
14 μη ως: tr   εφεικνουμενοι: εφικνουμενοι
15 ϋμειν: υμιν
18 συνιστανων: συνιστων   δοκιμος εστιν: εστι δοκιμος   αλλα: αλλ'
κ̄ς̄: ο Κυριος
XI. 1 τι [αφρο]συνης: τη αφροσυνη

ΡΛΘ

XI.
εν τη πανουργια αυτου φθαρη τα νο
ηματα υμων απο της απλοτητος
και της αγνοτητος της εις τον χ̅ρ̅ν̅

4 ει μεν γαρ ο ερχομενος αλλον ι̅η̅ν̅   5
κηρυσσει ον ουκ εκηρυξαμεν
η πνευμα ετερον λαμβανετε ο ου
κ ελαβετε η ευαγγελιον ετερον
ο ουκ εδεξασθε καλως ανεχεσθε

5 λογιζομαι γαρ μηδεν υστερηκε
ναι των υπερλειαν αποστολων   10

6 ει δε και ϊδιωτης τω λογω αλλ ου

7 τη γνωσει η αμαρτιαν εποιησα
εμαυτον ταπεινων ϊνα ϋμεις
υψωθητε οτι δωρεαν το του θ̅υ̅
ευαγγελιον ευηγγελισαμην   15

8 ϋμειν αλλας εκκλησιας εσυλησα
λαβων οψωνιον προς την ϋμων
διακονιαν και παρων προς ϋμας
υστερηθεις ου κατεναρκησα

9 ουδενος το γαρ υστερημα μου   20
προσανεπληρωσαν οι αδελφοι
ελθοντες απο μακεδονιας και εν
[πα]ντι αβ[αρ]η εμαυτον ϋμειν ετη

10 [ρησα και τηρ]ησω εστιν αληθεια χ̅υ̅
[εν εμοι οτι η καυχησις αυτη ο]υ φρα   25
[γησεται εις εμε εν τοις κλιμασι]

11 [της αχαιας διατι οτι ουκ αγαπω]

12 [υμας ο θ̅ς̅ οιδεν ο δε ποιω και ποιησω]

XI. 3 φθαρη: pr ουτω και της αγνοτητος: om
4 ανεχεσθε: ηνειχεσθε
5 υπερλειαν: υπερλιαν
6 γνωσει: add αλλ' εν παντι φανερωθεντες εν πασιν εις υμας
7 ϋμειν: υμιν
8 ϋμας: add και
9 εμαυτον υμειν: υμιν εμαυτον

ΡΜ

XI.
ϊνα εκκοψω την αφορμην ϊνα εν ω
καυχωνται ευρεθωσιν καθως και

13 ημεις   οι γαρ τοιουτοι ψευδαποστολοι
    εργαται δολιοι μετασχηματιζομενοι

14 εις αποστολους χρυ   και ου θαυμα αυτος   5
    γαρ ο σατανας   μετασχηματιζεται

15 εις αγγελον   φωτος ου μεγα ουν ει
    και οι διακονοι αυτου μετασχηματι
    ζονται ως διακονοι δικαιοσυνης
    ων το τελος εσται   κατα τα εργα αυτῶ   10

16 παλιν λεγω μη τις με δοξη αφρονα
    ειναι   ει δε μη γε και ως αφρονα δε
    ζασθε με ινα καγω μεικρον τι καυ

17 χησωμαι   ο λαλω ου κατα κν λαλω
    αλλ ως εν αφροσυνη εν ταυτη τη   15

18 ϋποστασει της καυχησεως επει πολλοι
    καυχωνται   κατα σαρκα καγω καυ

19 χησομαι ηδεως γαρ ανεχεσθε των

20 αφρονων   φρονιμοι οντες ανεχεσ
    θε γαρ ει τις ϋμας καταδουλοι ει τις   20
    κατεσθειει   ει τις λαμβανει   ει τις
    επαιρεται   ει τις εις προσωπον ϋ[μας]

21 δερει   κατα ατιμιαν λεγω ως [οτι]
    ημεις ησθενηκαμεν εν [ω δ αν τις]

22 τολμα εν αφροσυνη [λεγω τολμω κα]   25
    [γω εβραιοι εισιν καγω ισραηλι]

23 [ται εισιν καγω σπερμα αβρααμ]
    [εισιν καγω διακονοι χρυ εισιν]

XI. 12 αφορμην: add των θελοντων αφορμην   ευρεθωσιν: ευρεθωσι
    14 θαυμα: θαυμαστον
    16 και: καν   καγω μεικρον τι: μικρον τι καγω
    17 λαλω: tr ante κατα
    18 σαρκα: pr την
    20 κατεσθειει: κατεσθιει   ϋ[μας]: tr ante εις
    21 ησθενηκαμεν: ησθενησαμεν

PMA

XI.   παραφρονων λαλω ϋπερ εγω εν κο
      ποις περισσοτερως εν φυλακαις
      περισσοτερως   εν πληγαις ϋπερ

24 βαλλοντως εν θανατοις   πολλακις υπο
    ιουδαιων πεντακις τεσσερακοντα   5

25 παρα μιαν ελαβον τρις εραβδισθην
   τρις εναυγησα νυχθημερον εν τω
26 βυθω πεποιηκα οδοιποριαις πολλα
   κις κινδυνοις ποταμων κινδυνοις
   ληστων κινδυνοις εκ γενους κιν   10
   δυνοις εξ εθνων κινδυνοις εν πο
   λει κινδυνοις εν ερημια κινδυ
   νοις εν θαλασση κινδυνοις εν
27 ψευδαδελφοις κοπω και μοχθω εν
   αγρυπνιαις πολλακις εν λειμω   15
   και δειψει εν νηστειαις πολλακις
28 ψυχει και γυμνοτητι χωρις των
   παρεκτος η επιστασις μοι η καθ η
   μεραν η μεριμνα πασων των εκ
29 κλησιων τις ασθενει και ουκ ασθενω   20
   τις σκανδαλιζεται και ουκ εγω πυρου
30 [μ]αι ει καυχασθαι δει τα της ασθενειας
31 [μου καυ]χησομαι ο θ̅ς̅ και π̅η̅ρ̅ του κ̅υ̅
   [ι̅η̅υ̅ χ̅ρ̅υ̅ οι]δ̅εν ο ων ευλογητος εις τους
32 [αιωνας οτι] ου ψευδομαι εν δαμασ   25
   [κω ο εθναρχης αρετα του βασιλ]εως
   [εφρουρει την δαμασκηνων πολιν]
33 [πιασαι με θελων και δια θυριδος]

XI. 23 εν φυλακαις περισσοτερως: tr post υπερβαλλοντως
   24 τεσσερακοντα: τεσσαρακοντα
   25 εραβδισθην: ερραβδισθην: add απαξ ελιθασθην εναυγησα: εναναγησα
   27 κοπω: pr εν λειμω: λιμω δειψει: διψει ψυχει: pr εν
   28 επιστασις: επισυστασις μοι: μου
   31 [ι̅η̅υ̅]: pr ημων

PMB

   εν σαργανη εχαλασθην δια του τειχους
XII. 1 και εξεφυγον τας χειρας αυτου καυχασ
   θαι δει ου συμφερον μεν ελευσομαι δε
   2 εις οπτασιας και αποκαλυψεις κ̅υ̅ . οιδα
   ανθρωπον εν χ̅ω̅ προ ετων δεκατεσσαρων   5
   ειτε εν σωματι ουκ οιδα ειτε εκτος του σω
   ματος ουκ οιδα ο θ̅ς̅ οιδεν αρπαγεντα τον
   3 τοιουτον εως τριτου ουρανου και οιδα τον
   τοιουτον ανθρωπον ειτε εν σωματι ειτε

4 χωρις του σωματος ουκ οιδα ο θ̄ς̄ οιδεν οτι   10
  ηρπαγη εις τον παραδεισον και ηκουσεν
  αρρητα ρηματα α ουκ εξον ανθρωπω λα
5 λησαι υπερ του τοιουτου καυχησομαι υπερ
  δε εμαυτου ουδεν καυχησομαι ει μη εν ταις
6 ασθενεαις εαν γαρ θελω καυχησομαι   15
  ουκ εσομαι αφρων αληθειαν γαρ ερω
  φειδομαι δε μη τις εμε λογισηται υπερ
7 ο βλεπει με η ακουει τι εξ εμου και τη
  υπερβολη των αποκαλυψεων ϊνα μη
  υπεραιρωμαι εδοθη μοι σκολοψ τη σαρκι   20
  αγγελος σατανα ϊνα με κολαφιζη ϊν[α μη]
8 ϋπεραιρωμαι υπερ τουτου τρις τον [κ̄ν̄]
9 παρεκαλεσα ϊνα αποστη απ εμ[ου και ει]
  ρηκεν μοι αρκει σοι η χαρις [μου η γαρ]
  δυναμ[ις] ασθεν[ει]α τε[λειται ηδιστα]   25
  [ουν μαλλον καυχησομαι εν ταις ασθε]
  [νειαις μου ινα επισκηνωση επ εμε]
10 [η δυναμις του χ̄ρ̄ῡ διο ευδοκω εν]

XII. 5 ασθενεαις prim scr man 1, sed ε² corr aut η aut ει man 1
XII. 1 δει: δη   συμφερον: συμφερει   μεν: μοι   δε: γαρ
    3 χωρις: εκτος
    5 ουδεν: ου   ασθενεαις: add μου
    6 θελω: θελησω   καυχησομαι: καυχησασθαι   εμε: pr εις
    7 σατανα: Σαταν
    9 δυναμ[ις]: add μου εν   τε[λειται]: τελειουται

ΡΜΓ

XII.   ασθενειαις εν υβρεσιν και αναγκαις
  εν διωγμοις και στενοχωριαις υπερ χ̄ῡ
  οταν γαρ ασθενω τοτε δυνατος ειμι
11 γεγονα αφρων ϋμεις με αναγκαζετε
  εγω γαρ ωφειλον υφ υμων συνϊστασ   5
  θαι ουδεν γαρ τι υστερηκα των υπερ
  λειαν αποστολων ει και ουδεν ειμι
12 τα μεν σημεια του αποστολου κατηρ
  γασθη εν ϋμειν εν παση υπομονη
  σημειοις τε και τερασιν και δυναμεσιν   10
13 τι γαρ εστιν ο ησσωθητε ϋπερ τας λοι

πας εκκλησιας ει μη οτι αυτος εγω
ου κατεναρκησα ϋμων χαρισασθαι

14 μοι την αδικιαν ταυτην ϊδου τρι 15
τον τουτο ετοιμως εχω ελθειν προς
υμας και ου καταναρκησω ου γαρ ζητω
τα ϋμων αλλα ϋμας ου γαρ οφειλει τα τε
κνα θησαυριζειν τοις γονευσιν αλλα

15 οι γονεις τοις τεκνοις εγω δε ηδιστα
δαπανησω και εκδαπανηθησομαι 20
ϋπερ των ψυχων ϋμων ει περισσοτερως

16 [υ]μας αγαπων ησσον αγαπωμαι εστω δε
[εγ]ω ουκ εβαρησα ϋμας αλλα ϋπαρχων

17 [πανουργ]ος δολω ϋμας ελαβον μη τινα
[ων απεστα]λκα προς υμας δι αυτου επλε 25

18 [ονεκτησα υμας παρεκαλ]εσα τιτον και
[συναπεστειλα τον αδελφον μητι επλε]
[ονεκτησεν υμας τιτος ου τω αυτω]

XII. 10 και: εν bis
11 αφρων: add καυχωμενος αναγκαζετε: ηναγκασατε τι: om ϋστε-
ρηκα: υστερησα υπερλειαν: υπερλιαν
12 κατηργασθη: κατειργασθη ϋμειν: υμιν σημειοις: pr εν τε: om
τερασιν: τερασι δυναμεσιν: δυναμεσι
13 ησσωθητε: ηττηθητε χαρισασθαι: χαρισασθε
14 τουτο: om καταναρκησω: add υμων αλλα: αλλ' bis θησαυριζειν
τοις γονευσιν: τοις γονευσι θησαυριζειν
15 ει: add και ησσον: ηττον
16 ουκ εβαρησα: ου κατεβαρησα αλλα: αλλ'

ΡΜΔ

XII. π̅ν̅ι̅ περιεπατησαμεν ου τοις αυτοις ϊχνεσ̅ι̅
19 ου παλαι δοκειτε οτι ϋμειν απολογουμεθα
κατεναντι θ̅υ̅ λαλουμεν τα δε παντα αγα
20 πητοι ϋπερ της ϋμων οικοδομης φοβου 5
μαι γαρ μη πως ελθων ουχ οιους θελω
ευρω ϋμας καγω ευρεθω ϋμειν οιον ου
θελετε μηπως ερις ζηλος θυμοι ερειθιαι
καταλαλιαι ψιθυρισμοι φυσιωσεις ακα
21 ταστασιαι μη παλιν ελθοντος μου ταπει
νωσει με ο θ̅s̅ μου προς υμας και πενθησω 10
πολλους των προημαρτηκοτων και μη

μετανοησαντων επι τη ακαθαρσια και

XIII. 1   πορνεια και ασελγεια   η επραξαν τριτον
τουτο ερχομαι προς υμας επι στοματος
δυο μαρτυρων και τριων σταθησεται   15

2   παν ρημα προειρηκα και προλεγω ως
παρων το δευτερον και απων νυν
τοις προημαρτηκοσι   και τοις λοιποις
πασι   οτι εαν ελθω παλιν ου φεισομαι̣

3   επει δοκιμην ζητειτε του εν εμοι λα   20
λουντος χρ̅υ̅   ος ουκ εις υμας ουκ ασθεν̣[ει]

4   αλλα δυνατει εν υμειν και γαρ [εστρη]
εξ ασθενειας αλλα ζη εκ δ[υ]ν̣α̣[μεως]
θ̅υ̅   και γαρ ημεις ασθενο̣[υμεν εν αυτω]
αλλα ζων εν αυτ̣[ω εκ] δ̣υ̣[ναμεως θ̅υ̅]   25

5   [εις υμ̣]α̣ς εαυτου[ς πειραζετε ει εστε]
[εν τη πιστει εαυτους δοκιμαζετε η ουκ]
[επιγινωσκετε εαυτους οτι ι̅η̅ς̅ χ̅ρ̅ς̅]

XII. 19 ου man 1, sed scr super rasuram

XIII. 4 [εστρη]: vid spat IV vel V litt; ει omittendum

XII. 18 ἰχνεσῖ: ιχνεσι
     19 ου παλαι: παλιν   υμειν: υμιν   κατεναντι θ̅υ̅: κατενωπιον του θ̅υ̅: add
εν Χριστω
     20 υμειν: υμιν   ερις: ερεις   ζηλος: ζηλοι   ερειθιαι: εριθειαι
     21 ελθοντος μου: ελθοντα με   ταπεινωσει με: ταπεινωσῃ

XIII. 2 νυν: add γραφω   πασι: πασιν   ελθω: add εις το
     3 ουκ εις υμας ουκ: εις υμας ουκ   υμειν: υμιν
     4 γα̣ρ[1]: add ει   ζων εν: ζησομεθα συν

ΡΜΕ

XIII. 6   εν υμειν   ει μητι αδοκιμοι εστε   ελπιζω
δε   οτι γνωσεσθε οτι ημεις ουκ εσμεν αδο

7   κιμοι   ευχομεθα προς τον θ̅ν̅   μη ποιησαι
υμας   κακον   μηδεν   ουχ ινα ημεις δοκιμοι
φανωμεν   αλλα ϊνα υμεις το καλον ποιητε   5

8   ημεις δε ως αδοκιμοι ωμεν   ου γαρ δυ
ναμεθα τι   κατα της αληθειας αλλα υπερ της

9   αληθειας   χαιρομεν γαρ οταν ημεις ασ
θενωμεν   υμεις δε δυνατοι ητε τουτο
και ευχομεθα την υμων καταρτισιν   10

10 δια τουτο απων ταυτα γραφω ἵνα παρῶ
μη αποτομως χρησωμαι κατα την εξου
σιαν ην ο κ̅ς̅ εδωκεν μοι εις οικοδομην

11 και ουκ εις καθαιρεσιν λοιπον αδελφοι
χαιρετε και καταρτιζεσθε παρακαλεισθε 15
το αυτο φρονειτε ειρηνευετε και ο θ̅ς̅
της αγαπης και ειρηνης εσται μεθ υ

12 μων ασπασασθε αλληλους εν φιληματι
ἁγιω ασπαζονται υμας οι αγιοι παντες

13 η χαρις του κ̅υ̅ ι̅η̅υ̅ χ̅ρ̅υ̅ και η αγαπη 20
[τ]ου θ̅υ̅ και η κοινωνια του πνευματος
[μετ]α παντων ϋμων

[π]ρ̅ο̅ς̅ κορι̅ν̅θιου̅ς̅
[στιχοι] Σ̅

XIII. 5 υμειν: υμιν εστιν
7 ευχομεθα: ευχομαι δε
8 αλλα: αλλ'
9 τουτο: add δε
10 απων ταυτα: tr   ο κ̅ς̅ εδωκεν μοι: εδωκε μοι ο Κυριος
11 και¹: om
12 φιληματι αγιω: tr
13 πνευματος: pr Αγιου   ϋμων: add αμην

ΠΡΟΣ ΕΦΕΣΙΟΥΣ

I. 1 παυλος αποστολος χρυ ιηυ δια θεληματος
θυ τοις αγιοις ουσιν και πιστοις εν χρω

2 ιηυ χαρις υμειν και ειρηνη απο θυ πρς

3 ημων και κυ ιηυ χρυ ο ευλογησας ημας   5
ἐν παση ευλογια πνευματικη εν τοις

4 επουρανιοις εν χρω καθως εξελεξατο
ημας εν αυτω προ καταβολης κοσμου ειναι
ημας αγιους και αμωμους κατενωπι

5 ον αυτου εν αγαπη προορισας ημας εις   10
υϊοθεσιαν ιηυ χρυ εις αυτον κατα την

6 ευδοκιαν του θεληματος αυτου εις επαι
νον δοξης της χαριτος αυτου ης εχαρι

7 στωσεν ημας εν τω ηγαπημενω εν ω
εχομεν την απολυτρωσιν δια του αιματος   15
αυτου την αφεσιν των παραπτωματων

8 κατα το πλουτος της χαριτος αυτου ης επε
ρισσευσεν εις ημας εν παση σοφια και

9 φρονησει γνωρισας ημειν το μυστηριον
του θεληματος κατα την ευδοκιαν αυτου   20

10 ην προεθετο εν αυτω εις οικονομιαν του
πληρωματος των καιρων ανακεφ[αλαιω]
σασθαι τα παντα εν τω χρω τα επι [τοις ου]

11 ρανοις και τα ε[πι] της γης [εν αυτω εν ω]
και εκληρωθ[ημεν προορισθεντες κατα]   25
π[ροθεσιν του παντα ενεργουντος κατα]

12 [την βουλην του θεληματος αυτου εις το]
[ειναι ημας εις επαινον δοξης αυτου τους]

I. 11 vid om τα ante παντα
12 vid om της ante δοξης

I. 1 χρυ ιηυ: tr   ουσιν: pr τοις, add εν Εφεσω
2 υμειν: υμιν
3 ο ευλογησας: pr Ευλογητος ο Θεος και πατηρ του Κυριου ημων Ιησου
Χριστου
5 ιηυ: pr δια

86

6 ης εχαριστωσεν: εν η εχαριτωσεν   ηγαπημενω: αγαπημενῳ (error
   edit. Oxon.)
7 το πλουτος: τον πλουτον
9 ημειν: ημιν   θεληματος: add αυτου
10 επι̣¹: τε εν

PMZ

I. 13 προηλπικοτας   εν τω χ̅ρ̅ω̅   εν ω και
       υμεις   ακουσαντες τον λογον ̇της αλη
       θειας το ευαγγελιον της σωτηριας
       ὕμων   εν ω και πιστευσαντες εσφρα
       γισθητε τω π̅ν̅ι̅   της επαγγελιας τω   5
   14 αγιω   ο εστιν αρραβων της κληρονομι
       ας ημων   εις απολυτρωσιν της περι
       ποιησεως   εις επαινον της δοξης αυ
   15 του   δια τουτο καγω ακουσας την καθ υ
       μας πιστιν εν τω κ̅ω̅   ημων ι̅η̅υ̅ και   10
   16 την εις παντας τους αγιους ου παυο
       μαι   ευχαριστων ὕπερ ὕμων   μνειαν
       ποιουμενος επι των προσευχων μου
   17 ἵνα ο θ̅ς̅   του κ̅υ̅   ημων χ̅ρ̅υ̅   ι̅η̅υ̅   ο πατηρ
       της δοξης δωη ὕμειν   π̅ν̅α̅ σοφιας   15
       και αποκαλυψεως εν επιγνωσει αυτου
   18 πεφωτισμενους τους οφθαλμους της
       καρδιας εις το ειδεναι ἡμ̇̔̈ας   τις εστιν
       η ελπις της κλησεως αυτου τις ο πλουτος
       της δοξης της κληρονομιας αυτου εν   20
   19 το̣ις αγιοις   και τι το ὕπερβαλλον μεγε
       [θος] της δυναμεως αυτου εις ημας τους
       [πιστε]υο[ν]τας κατα την ενεργειαν του
   20 [κρατους της] ἴσχυ[ος αυτο]υ̣ ην ενηργη
       [σεν εν τω χ̅ρ̅ω̅ εγειρας αυ]τον εκ των   25
       [νεκρων και εκαθισεν εν] δεξ̣[ι]α α̣[υτου]
   21 [εν τοις επουρανιοις υπερανω πασης]
       [αρχης και εξουσιας και δυναμεως]

I. 18 ημας man 1; super η scr υ man 2
   20 vid om αυτου²

I. 14 ο: ος
   15 ημων: om   και την: add αγαπην την
   16 μνειαν: add υμων

17   $\overline{\chi\rho\upsilon}$ $\overline{\iota\eta\upsilon}$: tr   ῦμειν: υμιν
18   καρδιας: διανοιας   τις²: pr και
20   των: om

PMH

I.   και κυριοτητος και παντος ονοματος ονο
     μαζομενου   ου μονον εν τω αιωνι τουτω

22   αλλα και εν τω μελλοντι και παντα υπε
     ταξεν υπο τους ποδας αυτου   και αυτον
     εδωκεν κεφαλην υπερ παντα τη εκ

23   κλησια ητις εστιν το σωμα αυτου το πλη
     ρωμα του τα παντα εν πασιν πληρουμε

II.   1   νου   και υμας οντας νεκρους τοις παρα
     πτωμασιν υμων και ταις αμαρτιαις υμων

2   εν αις ποτε επεριεπατησατε   κατα τον αιω   10
     να του κοσμου τουτου κατα τον αρχοντα της
     εξουσιας του αερος του $\overline{\pi\nu s}$ του νυν εργουν

3   τος εν τοις υιοις της απειθειας εν οις και
     ημεις παντες ανεστραφημεν ποτε εν ταις
     επιθυμιαις της σαρκος ημων ποιουντες τα   15
     θεληματα της σαρκος και των διανοιων και
     ημεθα τεκνα φυσει οργης ως και οι λοιποι

4   ο δε $\overline{\theta s}$ πλουσιος ων εν ελεει δια την πολ

5   λην αγαπην ηλεησεν ημας και οντας ημ[ας]
     νεκρους τοις σωμασιν   συνεζωοποιησεν   20

6   εν τω $\overline{\chi\rho\omega}$ χαριτι εστε σεσωσμενοι και συν
     ηγειρεν και συνεκαθισεν εν τοις επουρα

7   νιοις εν τω $\overline{\chi\rho\omega}$ $\overline{\iota\eta\upsilon}$ ινα ενδειξηται ε[ν]
     τοις αιωσι τοις επερχομενοις το ϋπε[ρβαλ]
     λον πλουτος της χαριτος αυ[του εν χρησ]   25

8   [τοτητ]ι εφ ημας εν τω $\overline{\chi\omega}$ ιη[υ τη γαρ χαριτι]

9   [εστε σεσωσμενοι δια της πιστεως και του]
     [το ουκ εξ υμων $\overline{\theta\upsilon}$ το δωρον ουκ εξ εργων]

10   [ινα μη τις καυχησηται αυτου γαρ εσμεν]

I. 22   εδωκεν: εδωκε
    23   εστιν: εστι   τα παντα: om τα   πασιν: πασι
II. 1   παραπτωμασιν υμων: παραπτωμασι   υμων²: om
    2   επεριεπατησατε: περιεπατησατε   εργουντος: ενεργουντος
    3   ημεθα: ημεν
    4   ηλεησεν: αυτου ην ηγαπησεν
    5   σωμασιν: παραπτωμασι   συνεζωοποιησεν: συνεζωοποιησε

6 συνηγειρεν: συνηγειρε   τω: om
7 το υπε[ρβαλ]λον πλουτος: τον υπερβαλλοντα πλουτον   τω: om

ΡΜΘ

II.   ποιημα κτισθεντες εν χρω̅ ιηυ̅ επι ερ
     γοις αγαθοις οις προητοιμασεν ο θ̅ς ινα

11   εν αυτοις περιπατησωμεν διο μνημο
     νευετε οτι ποτε ϋμεις τα εθνη εν σαρκι
     οι λεγομενοι ακροβυστια υπο της λεγο   5
     μενης περιτομης εν σαρκι χειροποιητου

12   οτι ητε ἐν τω καιρω εκεινω χωρις χρυ̅
     απηλλοτριωμενοι της πολιτειας του
     ισραηλ και ξενοι των διαθηκων της
     επαγγελιας ελπιδα μη εχοντες και αθεοι   10

13   εν τω κοσμω νυνι δε εν χρω̅ ιηυ̅ ϋμεις
     οι ποτε οντες μακραν εγενηθητε ενγυς

14   εν τω αιματι χρυ̅ αυτος γαρ εστιν η ει
     ρηνη ημων ο ποιησας τα αμφοτερα ε̆ν
     και το μεσοτοιχον του φραγμου λυσας   15

15   την εχθραν εν τη σαρκι αυτου τον νομο̅
     των εντολων καταργησας ινα τους δυο
     κτιση εν αυτω εις ε̆να κοινον ανον̅

16   ποιων ειρηνην α και αποκαταλλα
     ξη τους αμφοτερους εν ενι σωματι   20
     τω θω̅ δια του στρου̅ αποκτεινας την

17   [ε]χθραν εν αυτω και ελθων ευηγγελισατο
     [ειρ]ηνην ϋμειν τοις μακραν και ειρηνη̅

18   [τοι]ς ενγυς οτι δι αυτου εχομεν την προσ
     [αγω]γην οι αμφοτεροι εν ενι πνι̅ προς τον   25

19   [πρα̅ αρα ου]κετι εστε ξενοι και παροικοι αλ'
     [εστε συμπολ]ιται των αγιων και οικιοι

20   [του θυ̅ εποικοδομηθεντες] επι τω θ[εμελιω]
     [των αποστολων και προφητων οντος ακρο]

21   [γωνιαιου αυτου ιηυ̅ χρυ̅ εν ω πασα οικοδομη]   30

II. 12   ἐν man 1; del man 2 et 3   πολιτειας man 1; corr πολειτιας man 2
    21   vid om η post πασα

II. 11   ποτε ϋμεις: tr
    13   εγενηθητε ενγυς: ενγυς εγενηθητε   χρυ̅: pr του
    15   εντολων: add εν δογμασι   αυτω: εαυτω   κοινον: καινον

16 a: om
17 ὕμειν: υμιν   ειρηνῆ²: om
19 [αρα ου]κετι: αρα ουν ουκετι   αλ': αλλα   [εστε]: om   οικιοι: οικειοι

PN

II.   συναρμολογουμενη αυξει εις ναον αγιον εν κ̄ω̄

22   εν ω και ὕμεις   συνοικοδομεισθε   εις κατοικη

III. 1   τηριον του θ̄ῡ   εν π̄ν̄ῑ   τουτο χαριν   εγω παυλος

     ο δεσμιος του χ̄ρ̄ῡ ῑη̄ῡ ὑπερ ὑμων των εθνων

2   ειγε ηκουσατε την οικονομιαν της χαρι   5

3   τος του θ̄ῡ της δοθεισης μοι εις ὕμας κατα

     αποκαλυψιν   εγνωρισθη μοι το μυστηριον

4   καθως προεγραψα εν ολιγω   προς ο δυνασ

     θε αναγεινωσκοντες νοησαι την συνεσῑ

5   μου   εν τω μυστηριω του χ̄ρ̄ῡ   ο ετεραις γενε   10

     αις ουκ εγνωρισθη τοις υἱοις των ᾱν̄ω̄ν̄

     ως νυν απεκαλυφθη τοις αγιοις αποστολοις

6   αυτου   και προφηταις εν π̄ν̄ῑ   ειναι τα εθνη

     συνκληρονομα και συνσωμα και συνμε

     τοχα της επαγγελιας εν χ̄ρ̄ω̄   ῑη̄ῡ   δια του ευ   15

7   αγγελιου   ο̄ῡ   εγενηθην διακονος κατα τ̄η̄

     δωρεαν της χαριτος του θ̄ῡ   της δοθει

     σης μοι   κατα την ενεργειαν της δυνα

8   μεως του θ̄ῡ   εμοι τω ελαχιστερω παν

     των   εδοθη η χαρις αυτη τοις εθνεσιν ευ   20

     αγγελισασθαι το ανεξιχνιαστον πλου

9   τος του χ̄ρ̄ῡ   και φωτισαι παντας τις η

     κονομια του μυστηριου του αποκεκρυμ

     μενου απο των αιωνον   εν τῳ θ̄ω̄ τ[ω τα]

10   π[αντ]ᾳ κτισαντι ἵνα γνωρ[ισθη ταις αρ]   25

     [χαις και ταις εξουσιαις εν τοις επουρα]

     [νιοις δια της εκκλησιας η πολυποικιλος]

11   [σοφια του θ̄ῡ κατα προθεσιν των αιωνων]

III. 1   τουτο: τουτου

    3   κατα: pr οτι   εγνωρισθη: εγνωρισε

    4   αναγεινωσκοντες: αναγινωσκοντες

    5   ο: add εν

    6   συνκληρονομα: συγκληρονομα   συνσωμα: συσσωμα   συνμετοχα: συμμετοχα   επαγγελιας: add αυτου   χ̄ρ̄ω̄ ῑη̄ῡ: τω Χριστω̄

    7   εγενηθην: εγενομην   της δοθεισης: την δοθεισαν   του θ̄ῡ: αυτου

8 ελαχιστερω: ελαχιστοτερῳ παντων: add των αγιων   τοις εθνεσιν: pr εν
   το: τον   πλουτος: πλουτον
9 ηκονομια: η κοινωνια   κτισαντι: add δια Ιησου Χριστου
10 γνωρ[ισθη]: add νυν

PNA

III.   ην εποιησεν εν τω κ̅ω̅ ι̅η̅υ̅ τω κ̅ω̅ ημων

12 εν ω εχομεν την παρρησιαν και προσ
    αγωγην εν πεποιθησει δια της πιστεως

13 αυτου διο αιτουμαι μη ενκακειν εν
    ταις θλειψεσιν μου ϋπερ ημων ητις   5

14 εστιν δοξα ημων   τουτου χαριν καμ

15 πτω τα γονατα μου προς τον π̅ρ̅α̅ εξ ου
    πασα πατρια εν ουρανοις και επι γης ονο

16 μαζεται ϊνα δω ϋμειν κατα το πλουτος
    της δοξης αυτου δυναμει κραταιω   10
    θηναι δια του π̅ν̅ς̅ αυτου εις τον εσω αν

17 θρωπον κατοικησαι τον χ̅ν̅   δια της

18 πιστεως εν ταις καρδιαις ϋμων εν αγα
    πη   ερριζωμενοι   και τεθεμελιωμε
    νοι ϊνα εξισχυσητε καταλαμβανεσ   15
    θαι   συν πασιν τοις αγιοις τι ο πλατος και

19 μηκος και υψος και βαθος γνωναι τε την
    ϋπερβαλλουσαν της γνωσεως αγαπην
    του χ̅ρ̅υ̅ ϊνα πληρωθη παν το πληρωμα

20 του θ̅υ̅ τω δε δυναμενω παντα ποιησαι   20
    υπερ εκ περισσου ων αιτουμεθα η νοουμεν
    κατα την δυναμιν την ενεργουμενην

21 [εν] ημειν αυτω η δοξα εν τη εκκλησια   και
    [εν χ̅ρ̅ω̅] ι̅η̅υ̅ εις πασας τας γενεας του αιωνος

IV. 1 [των αιω]νων αμην   παρακαλω ουν ϋμας   25
    [εγω ο δεσμιος εν κ̅ω̅ αξ]ιως [περιπατησαι]

2 [της κλησεως ης εκληθητε μετα πασης]
   [ταπεινοφροσυνης και πραοτητος με]
   [τα μακροθυμιας ανεχομενοι αλληλων]

III. 11 τω κ̅ω̅[1]: Χριστῳ
12 προσαγωγην: pr την
13 ενκακειν: εγκακειν   θλειψεσιν: θλιψεσι   ημων: υμων bis   εστιν: εστι
14 π̅ρ̅α̅: add του Κυριου ημων Ιησου Χριστου
16 δω ϋμειν: δωη υμιν   το πλουτος: τον πλουτον

18   καταλαμβανεσθαι: καταλαβεσθαι   πασιν: πασι   ο πλατος: το πλατος
      υψος και βαθος: tr
19   πληρωθη: πληρωθητε εις
20   δυναμενω: add υπερ   ημειν: ημιν
21   και: om

PNB

IV. 3   εν   αγαπη σπουδαζοντες τηρειν την
     ενοτητα   του π̅ν̅ς̅ εν τω συνδεσμω της

4   ειρηνης ἑν σωμα και ἑν π̅ν̅α̅ καθως
     και εκληθη   εν μια ελπιδι της κλησεως

5   ϋμων εις κ̅ς̅ μια πιστις ἑν βαπτισμα   5

6   εις θ̅ς̅ και π̅η̅ρ̅ παντων ο επι παντων

7   και δια παντων και εν πασιν   ενι δε εκα
     στω ημων   εδοθη η χαρις κατα το

8   μετρον της δωρεας του χ̅ρ̅υ̅ διο λεγει
     αναβας εις υψος ηχμαλωτευσεν αιχμα   10
     λωσιαν   εδωκεν δομα τοις ανθρωποις

9   το δε ανεβη τι εστιν ει μη οντι και κα

10   τεβη εις κατωτερα της γης ο καταβας αυ
     τος εστιν   και ο ναβας ϋπερανω παντω̅
     των ουρανων ϊνα πληρωση τα παντα   15

11   και αυτος δεδωκεν τους μεν αποστολους
     τους δε προφητας τους δε ευαγγελιστας τους

12   δε ποιμενας και διδασκαλους προς τον
     καταρτισμον των αγιων εις εργον διακο

13   νιας εις οικοδομην του σωματος του χ̅ρ̅υ̅   με   20
     χρι καταντησωμεν   οι παντες εις την ενο̣
     τητα της πιστεως   και της επιγνωσεως του υ[ιυ]
     του θ̅υ̅ εις ανδρα τελειον   εις μετρον ηλικ[ιας]

14   του πληρωματος του χ̅υ̅ ϊνα μηκε[τι ωμεν]
     νηπιοι κλυδωνιζομενοι κα̣[ι περιφερο]   25
     [μενοι παντι α]ν̣ε̣[μω της διδασκαλιας εν]
     [τη κυβεια των ανθρωπων εν πανουργια προς]

15   [την μεθοδειαν της πλανης αληθευον]
     [τες δε εν αγαπη αυξησωμεν εις αυτον]

IV. 4   εκληθη: εκληθητε
   6   πασιν: add υμιν
   8   εδωκεν δομα: και εδωκε δοματα
   9   οντι: οτι   κατεβη: add πρωτον   κατωτερα: pr τα; add μερη
  10   εστιν: εστι   ναβας: αναβας
  11   δεδωκεν: εδωκε

ΡΝΓ

IV. τα παντα ο^ςεστιν η κεφαλη ο χ̄ρ̄ῡ

16 εξ ου παν το σωμα συναρμολογουμενον
και συνβιβαζομενον δια πασης αφης
της επιχορηγιας κατ ενεργειας εν μετρω
ενος εκαστου μερους την αυξησιν του   5
σωματος ποιειται εις οικοδομην εαυτου

17 εν αγαπη τουτο ουν λεγω και μαρτυρομαι
εν κ̄ω̄ μηκετι ϋμας περιπατειν καθως
και τα εθνη περιπατει εν ματαιοτητι

18 του νοος αυτων εσκοτωμενοι τη δια   10
νοια οντες απηλλοτριωμενοι της ζωης
του θ̄ῡ δια την αγνοιαν την ουσαν εν
αυτοις δια την πορρωσιν της καρδιας

19 αυτων οιτινες απηλγηκοτες εαυτους
παρεδωκαν τη ασελγεια εις εργασιαν   15

20 ακαθαρσιας πασης εν πλεονεξια ϋμεις

21 δε ουχ ουτως εμαθετε τον χ̄ρ̄ν̄ ειγε αυτον
ηκουσατε και εν αυτω εδιδαχθητε κα

22 θως εστιν αληθεια εν τω ῑη̄ῡ αποθεσθαι
ϋμας κατα την προτεραν αναστροφην   20
τον παλαιον ανθρωπον τον φθειρομε
νον κατα τας επιθυμιας της απατης

23 ανανεουσθε δε τω π̄ν̄ῑ του νοος ϋμων

24 [κ]αι ενδυσασθε τον καινον ανθρωπον
[τον κ]ατα θ̄ν̄ κτισθεντα εν δικαιοσυνη   25

25 [και οσιοτη]τι της αληθειας αποθεμενοι
[το ψευδος] λαλειτε αληθειαν εκ[αστος]
[μετα του πλησιον αυτου οτ]ι εσ[μεν αλληλων]

26 [μελη οργιζεσθε και μη αμαρτανετε ο]
[ηλιος μη επιδυετω επι τω παροργισμω]   30

IV. 15 o man 1; superscr s man 2
25 του πλησιον αυτου: lin longior, vid om αυτου

IV. 15 χ̄ρ̄ῡ: Χριστος
16 ενεργειας: ενεργειαν
17 εθνη: pr λοιπα
18 εσκοτωμενοι: εσκοτισμενοι   πορρωσιν: πωρωσιν
23 ανανεουσθε: ανανεουσθαι
24 ενδυσασθε: ενδυσασθαι
25 αποθεμενοι: pr διο

ΡΝΔ

IV. 27 ὑμων μηδε διδοτε τοπον τω διαβολω

28 ο κλεπτων μηκετι κλεπτετω μαλλον
δε κοπιατω εργαζομενος ταις χερσιν
το αγαθον ιν εχη μεταδιδοναι τω χρειαν

29 εχοντι πας λογος σαπρος εκ του στοματος ὑμ͞ω   5
μη εκπορευεσθω αλ ει τις αγαθος προς οικοδομ͞η

30 της χρειας ἱνα δω χαριν τοις ακουουσιν και λυ
πειτε το π͞να το αγιον του θ͞υ εν ω εσφραγισ

31 θητε εις ημεραν απολυτρωσεως πασα πικρια
και θυμος και οργη και κραυγη και βλασφημια   10

32 αρθητω αφ υμων συν παση κακια γεινεσθε
εις αλληλους χρηστοι ευσπλαγχνοι χαριζομε
νοι εαυτοις καθως και ο θ͞s εν χ͞ρ͞ω εχαρισατο

V. 1 υμειν γεινεσθε ουν μειμηται του θ͞υ ως τεκνα

2 αγαπητα και περιπατειτε εν αγαπη καθως   15
και ο χ͞s ηγαπησεν ημας και παρεδωκεν
εαυτον ὑπερ ημων προσφοραν και οσμην τω

3 θ͞ω εις οσμην ευωδιας πορνεια δε και ακα
θαρσια πασα η πλεονεξια μηδε ονομαζεσ

4 θω εν ὑμειν καθως πρεπει αγιοις και αισχρο   20
της και μωρολογια και ευτραπελια α ουκ αν[η]

5 κεν αλλα μαλλον ευχαριστεια τουτο γαρ ι[στε]
γεινωσκοντες οτι πας πορνος η ͣκαθαρτ[ος ηπλε]
ονεκτης ο εστιν ειδωλολατρης ουκ εχ[ει κλη]

6 ρονομιαν εν τη βασιλεια του θ͞υ μηδε[ις υμας]   25
[απατα]τω̣ κε[νο]ι̣ς λογοις δι̣α [ταυτα γαρ ερχεται]

7 [η οργη του θ͞υ επι τους υιους της απειθειας μη]

8 [ουν γινεσθε συμμετοχοι αυτων ητε γαρ ποτε]
[σκοτος νυν δε φως εν κ͞ω ως τεκνα φωτος]

V. 5 καθαρτος man 1; add supra a man 2

IV. 27 μηδε: μητε
28 ταις χερσιν το αγαθον: tr   ιν: ινα
29 αλ: αλλ’   ακουουσιν: ακουουσι   30 και: add μη
32 γεινεσθε: γινεσθε δε   υμειν: υμιν
V. 1 γεινεσθε: γινεσθε   μειμηται: μιμηται
2 οσμην: θυσιαν
3 ακαθαρσια πασα: tr   ὑμειν: υμιν
4 και³: η   α ουκ αν[η]κεν: τα ουκ ανηκοντα   ευχαριστεια: ευχαριστια
5 ι[στε]: εστε   γεινωσκοντες: γινωσκοντες   ο: ος

PNE

V. 9 περιπατειτε ο γαρ καρπος του π̅ν̅ς̅ εν παση

αγαθωσυνη και δικαιοσυνη και αληθεια

10 δοκιμαζοντες τι εστιν ευαρεστον τω κ̅ω̅

11 μη συνκοινωνειτε τοις εργοις τοις ακαρ

ποις του σκοτους μαλλον δε ελλεγχετε   5

12 τα γαρ κρυβη γεινομενα υπ αυτων αισχρον

13 εστιν και λεγειν τα δε παντα ελεγχομενα

υπο του φωτος φανερουται παν γαρ το φα

14 νερουμενον φως εστιν διο λεγει εγειρε

ο καθευδων και αναστα εκ νεκρων και επι   10

15 φαυσει σοι ο χ̅ρ̅ς̅ βλεπετε ουν ακρειβως πως

περιπατητε μη ως ασοφοι αλλα ως σοφοι

16 εξαγοραζομενοι τον καιρον οτι αι ημεραι

17 πονηραι εισιν δια τουτο μη γεινεσθε

αφρονες αλλα συνειετε τι το θελημα του   15

18 χ̅ρ̅υ̅ και μη μεθυσκεσθε οινω εν ω εστιν

19 ασωτια αλλα πληρουσθε εν π̅ν̅ι̅ λαλουντες

εαυτοις εν ψαλμοις και υμνοις και ωδαις

αδοντες και ψαλλοντες τη καρδια υμων

20 τω κ̅ω̅ ευχα[ρ]ιστουντες παντοτε υπερ παν   20

των εν ονοματι του κ̅υ̅ ημων ι̅η̅υ̅ χ̅υ̅ τω

21 π̅ρ̅ι̅ και θ̅ω̅ υποτασσομενοι αλληλοις εν

22 [φ]οβω χ̅ρ̅υ̅ αι γυναικες τοις ιδιοις ανδρασιν

23 [ως] τω κ̅ω̅ οτι ανηρ εστιν κεφαλη της γυναι

24 [κος] ως και ο χ̅ρ̅ς̅ κεφαλη της εκκλησιας αυτος   25

[σωτ]ηρ του σωματος αλλ οτι η εκκλησια υπο

[τασσεται τω] χ̅ρ̅ω̅ ουτως και αι γυναικες τοις αν

25 [δρασιν εν παντι] οι ανδρες α[γ]απατε τα[ς γυναι]

[κας εαυτων καθως και ο χ̅ρ̅ς̅ ηγαπησε την]

[εκκλησιαν και εαυτον παρεδωκεν υπερ αυ]   30

26 [της ινα αυτην αγιαση καθαρισας τω λουτρω]

V. 11 μη: pr και   συνκοινωνειτε: συγκοινωνειτε   δε: add και

12 κρυβη: κρυφη   γεινομενα: γινομενα   εστιν: εστι   ελλεγχετε:
ελεγχετε

13 εστιν: εστι

14 εγειρε: εγειραι   νεκρων: pr των

15 ακρειβως πως: πως ακριβως   περιπατητε: περιπατειτε   αλλα: αλλ'

16 εισιν: εισι

17 γεινεσθε: γινεσθε   συνειετε: συνιεντες   χ̅ρ̅υ̅: Κυριου

19 εν ψαλμοις: om εν   ωδαις: add πνευματικοις   τη καρδια: pr εν
20 π̄ρ̄ι και θ̄ω̄: Θεω και πατρι
21 χ̄ρ̄υ: Θεου
22 ανδρασιν: add υποτασσεσθε
23 ανηρ: pr ο   εστιν: εστι   αυτος: pr και; add εστι
24 οτι: ωσπερ   ουτως: ουτω   τοις: add ιδιοις

PNϚ

V. 27 του ϋδατος εν ρηματι   ϊνα παραστηση αυτος
       εαυτω   ενδοξον την εκκλησιαν   μη εχου
       σα σπιλον η ρυτιδα   η τι των τοιουτων αλ

28 ϊνα η αγια και αμωμος ουτως οφειλουσιν και
    οι ανδρες   αγαπαν τας εαυτων γυναικας ως τα   5
    εαυτων σωματα ο αγαπων την εαυτου γυναικα

29 εαυτον αγαπα ουδεις γαρ ποτε την εαυτου σαρκα
    εμεισησεν   αλλα εκτρεφει και θαλπει αυτην

30 καθως και ο χ̄ρ̄ς   την εκκλησιαν οτι μελη εσ

31 μεν του σωματος αυτου αντι τουτου καταλειψει   10
    ανθρωπος τον π̄ρ̄ᾱ   και την μητερα και προσ
    κολληθησεται τη γυναικι αυτου   και εσονται

32 οι δυο εις σαρκαν μιαν το μυστηριον τουτο
    μεγα εστιν   εγω δε λεγω εις χ̄ρ̄ν   και εις τ̄η̄

33 εκκλησιαν πλην και υμεις οι καθ ενα   εκαστος   15
    την εαυτου γυναικα ουτως αγαπατω ως εαυτον

VI. 1 η δε γυνη   ϊνα φοβηται τον ανδρα τα τεκνα
        υπακουετε τοις γονευσιν ϋμων   εν κ̄ω̄ τουτο

2 γαρ εστιν δικαιον τειμα τον πατερα σου και
   την μητερα   ητις εστιν εντολη πρωτη εν   20

3 επαγγελια ϊνα ευ σοι γενηται και εση μακ[ρο]

4 χρονιος   επι της γης και οι πατερες μη παρο[ρ]
   γιζετε τα τεκνα ϋμων   αλλα εκτρεφετε α[υ]

5 τα εν παιδεια και νουθεσια κ̄ῡ   οι δουλ[οι]
   υπακουετε τοις κυριοις κατα σαρκ[α μετα]   25
   φοβου   και τρομου εν απλοτητι τη[s καρδιας]

6 [υμων] ως τ[ω χ]ρω μη κα[τ] οφθα[λμοδουλειαν]
   [ως αν θρωπαρεσκοι αλλ ως δουλοι του]
   [χ̄ρ̄ῡ ποιουντες το θελημα του θ̄ῡ εκ ψυχης]

7 [μετ ευνοιας δουλευοντες τω κ̄ω̄ και]   30

8 [ουκ ανθρωποις ειδοτες οτι εκαστος]

V. 27 αυτος: αυτην   εχουσα: εχουσαν   αλ: αλλ'
   28 και: om
   29 εμεισησεν αλλα: εμισησεν αλλ'   χ̄ρ̄ς̄: Κυριος
   30 αυτου: add εκ της σαρκος αυτου και εκ των οστεων αυτου
   31 π̄ρ̄ᾱ: add αυτου   τη γυναικι: προς την γυναικα   σαρκαν: σαρκα
VI. 1 εστιν: εστι   2 τειμα: τιμα
   4 αλλα: αλλ'

PNZ

VI.   εαν τι ποιη αγαθον τουτο κομισεται πα
   9   ρα κ̄ῡ ειτε δουλος ειτε ελευθερος και οι κυ
       ριοι τα αυτα ποιειτε   προς αυτους ανιεντες
       την απειλην ειδοτες οτι και αυτων και
       υμων ο κ̄ς̄ εστιν εν ουρανοις και προσωπο   5
   10 λημψια ουκ εστιν παρ αυτω του λοιπου δυ
       ναμουσθε εν κ̄ω̄ και εν τω κρατει της ϊσχυος
   11 αυτου ενδυσασθε την πανοπλιαν του θ̄ῡ
       προς το δυνασθαι στηναι προς τας μεθοδιας
   12 του διαβολου οτι ουκ εστιν ϋμειν η παλη   10
       προς αιμα και σαρκα αλλα προς τας μεθοδιας
       προὺς τους κοσμοκρατορας του σκοτους
       τουτου προς τα πνευματικα της πονηριας
   13 δια τουτο αναλαβετε την πανοπλιαν του θ̄ῡ
       ϊνα δυνητε αντιστηναι εν τη ημερα   15
       τη πονηρα και απαντα κατεργασαμενοι
   14 στηναι στητε ουν περιζωσαμενοι την οσ
       φυν ϋμων εν αληθεια και ενδυσαμενοι
   15 τον θωρακα της δικαιοσυνης και υποδησα
       μενοι τους ποδας εν ετοιμασια του ευαγγε   20
   16 λιου της ειρηνης εν πασιν αναλαβοντες τον
       θυρεον της πιστεως εν ω δυνησεσθε παντα
       τα βελη του πονηρου πεπυρωμενα σβεσαι
   17 [κ]αι την περικεφαλαιαν του σωτηριου δε
       [ξ]ασθε και την μαχαιραν του π̄ν̄ς̄ ο εστιν   25
   18 [ρημα θ]υ̣ δια πασης προσευχης και δεησεως
       [προσευχ]ομενοι εν παντι καιρω εν π̄ν̄ῑ και ε[ι]ς
       [αυτο αγρυπ]νουντες εν πασ[η] προσκαρτε[ρησει]
   19 [και δεησει περι παντων των αγιων και υπερ]
       [εμου ινα μοι δοθειη λογος εν ανοιξει του στο]   30
       [ματος μου εν παρρησια γνωρισαι το μυστηριον]
   20 [του ευαγγελιου υπερ ου πρεσβευω εν αλυσει]

VI. 12 προὺς man 1; del υ man 2
　　19 pag est longior; vid omittend a και ad και vel ab εμου ad μου

VI. 8 [εκαστος] εαν τι: ο εαν τι εκαστος　　ποιη: ποιηση　　κομισεται: κομιειται
　　　παρα: add του
　　9 αυτων και υμων: υμων αυτων　　προσωπολημψια: προσωποληψια　εστιν:
　　　εστι
　　10 του λοιπου: τον λοιπον αδελφοι μου　　δυναμουσθε: ενδυναμουσθε
　　11 δυνασθαι: add υμας　　μεθοδιας: μεθοδειας
　　12 ὑμειν: ημιν　　μεθοδιας: εξουσιας　　σκοτους: add του αιωνος　　πονηριας:
　　　add εν τοις επουρανιοις
　　13 δυνητε: δυνηθητε
　　16 εν¹: επι　　πονηρου: add τα
　　17 εστιν: εστι
　　18 [αυτο]: αυτο τουτο

PNH

VI. 21 ινα αυτο παρησιασωμαι ως δει με λαλησαι ϊνα
　　　δε　ειδητε τα κατ εμε τι πρασσω παντα γνω
　　　ρισει ϋμειν τυχικος ο αγαπητος αδελφος και
　22 πιστος διακονος εν κω̅　ον επεμψα προς ϋμας
　　　εις αυτο τουτο　ϊνα γνωτε τα περι ημων και πα　　　　　5
　23 ρακαλεση　τας καρδιας ἡ̔μων　ειρηνη τοις αγιοις
　　　και αγαπη μετα πιστεως　απο θυ̅　πρ̅ς̅　και κυ̅　ιη̅υ
　24 χρυ̅　η χαρις μετα παντων των αγαπωντων
　　　τον κυ̅　ημων ιη̅υ　χρ̅υ　εν αφθαρσια
　　　　　στι^χ τις̅　　　　　　　　　　　　　　　　　　　　10

VI. 22 ημων man 1, corr υμων man 3

VI. 20 αυτο: εν αυτω　　παρησιασωμαι: παρρησιασωμαι
　　21 ειδητε: add και υμεις　　γνωρισει υμειν: υμιν γνωρισει
　　23 αγιοις: αδελφοις
　　24 αφθαρσια: add αμην

ΠΡΟΣ ΓΑΛΑΤΑΣ

I. 1 παυλος αποστολος ουκ απ ανθρωπων ουδε
δι ανθρωπου αλλα δια ιηυ χρυ και θυ πατρος

2 του εγειραντος αυτον εκ νεκρων και οι συν εμοι
παντες αδελφοι ταις εκκλησιαις της γαλα   15

3 τιας χαρις υμειν και ειρηνη απο θυ πατρος

4 και κυ ημων ιηυ χρυ του δοντος αυτον περι
αμαρτιων ημων οπως εξεληται ημας εκ τ[ου]
αιωνος του ενεστωτος πονηρου κατα το θελ[ημα]

5 του θυ και πρς ημων ω η δοξα εις τους αιωνας [των]   20

6 αιωνων αμην θαυμαζω οτι ουτως τ[αχεως]
μετατιθεσθε απο του καλεσαντος ϋμας ε[ν χαριτι]

7 εις ετερον ευαγγελιον ο ουκ εστιν αλλο [ει μη τι]
νες εισιν οι ταρασσοντες ϋμας και [θελοντες μετα]

8 στρεψαι το ευαγγελιον του χρυ αλλα [και εαν ημεις]   25
[η αγγελος εξ ουρανου ευαγγελιζηται υμιν παρ ο ευ]

9 [ηγγελισαμεθα υμιν αναθεμα εστω ως προειρηκαμεν]
[και αρτι παλιν λεγω ει τις υμας ευαγγελιζεται παρ]

10 [ο παρελαβετε αναθεμα εστω αρτι γαρ ανθρωπους]
[πειθω η τον θν η ζητω ανθρωποις αρεσκειν]   30

I. 9-10 pag est longior; vid omittend ab εστω ad εστω

I. 1 ουδε: μηδε
3 υμειν: υμιν
4 αυτον περι: εαυτον υπερ των   αιωνος του ενεστωτος: ενεστωτος αιωνος
6 ουτως: ουτω   ε[ν χαριτι]: add Χριστου

ΡΝΘ

I.   ει ετι ανθρωποις ηρεσκον χρυ δουλος

11 ουκ αν ημην γνωριζω δε ϋμειν αδελφοι
το ευαγγελιον οθεν υπ εμου οτι ουκ εστι

12 κατ ανθρωπον ουδε γαρ εγω παρ ανθρω
που παρελαβον αυτο ουτε εδιδαχθην   5

13 αλλα δι αποκαλυψεως ιηυ χρυ ηκουσατε
γαρ την εμην αναστροφην ποτε εν τω
ϊουδαισμω οτι καθ᾽ υπερβολην εδιωκον

την   εκκλησιαν του θ̄ῡ   και επορθουν αυ

14   την   και επροεκοπτον εν τω ϊουδαισμω   10
υπερ πολλους συνηλικιωτας εν τω γενει μου
περισσοτερον   ως ζηλωτης ϋπαρχων των

15   πατρικων μου παραδοσεων · οτε δε ευδοκη
σεν ο αφορισας με εκ κοιλιας μητρος μου

16   αποκαλυψαι τον ῡ̄ν̄ αυτου   εν εμοι   ινα ευαγ   15
γελισωμαι αυτον   εν τοις εθνεσιν   ευθεως

17   ου προσανεθεμην   σαρκι και αιματι   ουδε
[η]λθον   εις ϊεροσολυμα προς τους προ εμου απο
[στ]ολους αλλα απηλθα εις αραβιαν και παλιν

18   [υ]πεστρεψα εις δαμασκον επειτα μετα ετη   20
[τρ]ια ανηλθον   εις ϊεροσολυμα ιστορησαι κη
[φα]ν   και εμεινα προς αυτον ημερας δεκαπεντε

19   [ετε]ρον δε των αποστολων ουχ ειδον ει μη

20   [ιακωβο]ν τον αδελφον του κ̄ῡ   α δε γραφω
[υμιν ιδ]ου ενωπιον του θ̄ῡ   οτι ου ψευδο   25

21   [μαι επειτα η]λθον εις τα κλ[ιμ]ατα της συριας

22   [και της κιλικιας ημην δε αγνοου]με[νος τω]

23   [προσωπω ταις εκκλησιαις της ιουδαιας]
[ταις εν χ̄ρ̄ω̄ μονον δε ακουοντες ησαν]
[οτι ο διωκων ημας ποτε νυν ευαγγελι]   30

I.   13   ϊουδαισμω: vid ιουδασμω man 1 sed corr man 2
     14   περισσοτερον ως man 1;   corr περισσωτερως man 1

I.   11   ϋμειν: υμιν   οθεν: το ευαγγελισθεν   εστῑ: εστι   κατ: κατα
     12   παρ: παρα
     15   ευδοκησεν: add ο Θεος   μου: add και καλεσας δια της χαριτος αυτου
     16   ευαγγελισωμαι: ευαγγελιζωμαι
     17   [η]λθον: ανηλθον   αλλα απηλθα: αλλ' απηλθον
     18   κη[φα]ν: Πετρου   εμεινα: επεμεινα
     19   ουχ: ουκ

ΡΞ

I.   24   ζεται την πιστιν   ην ποτε επορθει   και εδο

II.   1   ξαζον εν εμοι τον θ̄ν̄   επειτα δια δεκατεσ
σαρων ετων παλιν ανεβην   εις ϊεροσολυ
μα   μετα βαρναβας συνπαραλαβων και τιτ̄ο̄

     2   ανεβην δε κατα αποκαλυψιν και ανεθε   5
μην αυτοις το ευαγγελιον   ο κηρυσσω εν τοις
εθνεσιν καθ ιδιαν δε τοις δοκουσιν μη πως εις

3 κενον τρεχω η εδραμον αλλ ουδε τιτος ελλην ων
4 ηναγκασθη περιτμηθηναι   δια δε τους παρεισα
 κτους ψευδαδελφους οιτινες παρεισηλθον κατα   10
 σκοπησαι   την ελευθεριαν ημων ην εχομεν εν τῷ
5 χρω̄ ιη̄υ ινα ημας καταδουλωσωσιν οις ουδε προς
 ωραν ειξαμεν ϊνα η αληθεια του θ̄υ διαμεινη
6 προς υμας απο δε των δοκουντων ειναι τι οποιοι
 ποτ' ησαν ουδεν μοι διαφερει. προσωπον ο θ̄s   15
 ανθρωπου ου λαμβανει εμοι γαρ οι δοκουν
7 τες ουδεν προσανεθεντο αλλα τουναντι
 ον ειδοτες οτι πεπιστευμαι το ευαγγελιο̣ν
 της ακροβυστιας καθως πετρος της περιτομη[s]
8 ο γαρ ενεργησας πετρω εις αποστολην της [πε]   20
9 ριτομης ενεργησεν καμοι εις τα εθνη κ[αι]
 γνοντες την χαριν την δοθεισαν μοι ϊα[κω]
 βος και πετρος και ϊωαννης οι δοκουν̣τ[εs στυ]
 λοι ειναι δεξιας εδωκαν εμοι και β[αρναβα]
 κοινωνιας ϊνα ημε[ιs εις τα εθνη αυτοι δε]   25
10 εις την περ[ι]τομην μονον των πτωχων ινα]
 [μνημονευωμεν ο και εσπουδασα αυτο]
11 [τουτο ποιησαι οτε δε ηλθε πετρος εις]
12 [αντιοχειαν κατα προσωπον αυτω αντεστην]
 [οτι κατεγνωσμενος ην προ του γαρ ελθειν]   30

II.   4 τω man 1, sed del man 2 et 3

II.   1 βαρναβας συνπαραλαβων: Βαρναβα συμπαραλαβων
   2 εθνεσιν καθ: εσθνεσι κατ'   δοκουσιν: δοκουσι
   3 τιτος: add ο συν εμοι
   4 καταδουλωσωσιν: καταδουλωσωνται
   5 ειξαμεν: add τη υποταγη   θ̄υ: ευαγγελιου
   6 ποτ': ποτε   ο θ̄s: om ο
   7 ειδοτες: ιδοντες
   8 ενεργησεν καμοι: ενηργησε και εμοι
   9 πετρος: Κηφας

ΡΞΑ

II.   τινα απο ϊακωβου μετα των εθνων συνησ
  θειον οτε δε ηλθεν υπεστελε̄ν και αφωριζ̄ε
 13 εαυτον φοβουμενος τους εκ περιτομης και
  συνυπεκριθησαν αυτω οι λοιποι ϊουδαιοι ωστε
  και βαρναβας απηχθη αυτων τη ϋποκρισει   5

14 αλλ οτε ειδον οτι ουκ ορθοποδουσιν προς
     την αληθειαν του ευαγγελιου ειπον τω κηφα
     εμπροσθεν παντων ει συ ϊουδαιος υπαρχων
     εθνικως ζης πως τα εθνη αναγκαζεις

15 ϊουδαϊζειν ημεις φυσει ϊουδαιοι οντες   10

16 και ουκ εξ εθνων αμαρτωλοι ειδοτες οτι
     ου δικαιουται ανθρωπος εξ εργων νομου
     εαν μη δια πιστεως ι̅η̅υ̅ χ̅ρ̅υ̅ και ημεις εις ι̅η̅ν̅
     χ̅ρ̅ν̅ επιστευσαμεν ϊνα δικαιωθωμεν
     εκ πιστεως χ̅υ̅ και ουκ εξ εργων νομου οτι   15
     εξ εργων νομου ου δικαιωθησεται πασα

17 σαρξ ει δε ζητουντες δικαιωθηναι εν
     χ̅ρ̅ω̅ ευρεθωμεν και αυτοι αμαρτωλοι αρα χ̅ς̅

18 αμαρτιας διακονος μη γενοιτο ει γαρ
     α κατελυσα ταυτα παλιν οικοδομω παρα   20

19 βατην εμαυτον συνϊστανω εγω γαρ δια
     [ν]ομου νομω απεθανον ϊνα θ̅ω̅ ζησω

20 [χρ]ω συνεστρα̅ι̅ ζω δε ουκετι εγω
     [ζη] δε εν εμοι χ̅ς̅ ο δε νυν ζω εν σαρκι εν
     [πιστει] ζω τη του θ̅υ̅ και χ̅ρ̅υ̅ του αγαπησαν   25
     [τος με και παρα]δο̅ντος εαυτον ϋπερ εμου

21 [ουκ αθετω την χαριν το]υ̅ θ̅υ̅ ει γαρ δια νομου
     [δικαιοσυνη αρα χ̅ρ̅ς̅ δωρε]α̅ν απε[θ]ανεν

III. 1 [ω ανοητοι γαλαται τις υμας εβασκανεν τη]
     [αληθεια μη πειθεσθαι οις κατ οφθαλμους]   30
     [ι̅η̅ς̅ χ̅ρ̅ς̅ προεγραφη εν υμιν εσταυρω]

2 [μενος τουτο μονον θελω μαθειν αφ υμων]

II. 12 υπεστελεν man 1; scr λ supra man 2
III. 1–2 pag est longior; vid omittend τη αληθεια μη πειθεσθαι et εν υμιν;
     scribend ε̅σ̅τ̅ρ̅ο̅ς̅ pro εσταυρωμενος

II. 12 τινα: τινας συνησθειον: συνησθιεν ηλθεν: ηλθον υπεστελλεν:
     υπεστελλε
13 αυτω: add και απηχθη: συναπηχθη
14 ορθοποδουσιν: ορθοποδουσι κηφα: Πετρω πως: και ουκ Ιουδαικως τι
15 οντες: om
16 ι̅η̅ν̅ χ̅ρ̅ν̅: Χριστον Ιησουν οτι εξ εργων νομου ου δικαιωθησεται: διοτι
     ου δικαιωθησεται εξ εργων νομου
17 ευρεθωμεν: ευρεθημεν
18 συνιστανω: συνιστημι
20 θ̅υ̅ και χ̅ρ̅υ̅: υιου του Θεου

PϞB

III. εξ εργων ομου το π̅ν̅α̅ ελαβετε   η εξ ακοης πιστε̣

3 ως   ουτως ανοητοι εστε   εναρξαμενοι π̅ν̅ι̅   νυν

4 σαρκι επιτελεισθε τοσαυτα επαθετε εικη   ει γε εικη

5 ο ουν   επιχορηγων ϋμειν το π̅ν̅α̅   και ενεργων

δυναμεις εν υμειν   εξ εργων νομου η εξ ακοης   5

6 πιστεως   καθως αβρααμ   επιστευσεν τω θ̅ω̅   και

7 ελογισθη αυτω εις δικαιοσυνην   γεινωσκετε αρα

8 οτι   οι εκ πιστεως ουτοι υιοι εισιν αβρααμ προ

ϊδουσα δε η γραφη   οτι εκ πιστεως τα εθνη δι

καιοι ο θ̅ς̅   προευηγγελισατο τω αβρααμ   οτι εν   10

9 ευλογηθησονται εν σοι παντα τα εθνη ωστε

οι εκ πιστεως ευλογουνται   συν τω πιστω αβρααμ

10 οσοι γαρ   εξ εργων νομου εισιν ϋπο καταραν

εισιν γεγραπται γαρ   τι επικαταρατος πας

ος ουκ εμμενει πασιν τοις γεγραμμενοις   εν   15

11 τω βιβλω του νομου του ποιησαι αυτα οτι δε εν

νομω ουδεις   δικαιουται παρα τω θ̅ω̅   δηλον

12 οτι   ο δικαιος εκ πιστεως ζησεται   ο νομος ουκ ε

στιν εκ πιστεως   αλλα ο ποιησας αυτα ζησετα[ι]

13 εν αυτοις   χ̅ρ̅ς̅ ημας εξηγορασεν εκ της [κα]   20

ταρας του νομου γενομενος υπερ ημων κατ[αρα]

οτι γεγραπται   επικαταρατος πας ο κρεμαμ[ενος]

14 επι ξυλου   ϊνα εις τα εθνη η ευλογια τ̣[ου αβρααμ]

γενηται εν χ̅ω̅ ι̅η̅υ̅ ϊνα την ευλογιαν [του π̅ν̅ς̅]

15 λαβ ωμεν δια της πιστεως αδελφο̣ι [κατα αν]   25

θρωπον λεγω   ομως   α[νθρωπου κεκυρωμενην]

δ[ια]θηκ[η]ν̣ ου[δ]ε[ις αθετει η επιδιατασσεται]

16 [τω δε αβρααμ ερρηθησαν αι επαγγελιαι και]

[τω σπερματι αυτου ου λεγει και τοις σπερμα]

[σιν ως επι πολλων αλλ ως εφ ενος και τω σπερμα]   30

III. 2 εργων ομου: εργων νομου
4 ει γε: add και   5 ϋμειν: υμιν bis
6 επιστευσεν: επιστευσε
7 γεινωσκετε: γινωσκετε   υιοι εισιν: tr
8 τα εθνη δικαιοι: tr
10 εισιν: εισι   τι: om   πασιν: εν πασι   βιβλω: βιβλιω
12 ο νομος: ο δε νομος   αλλα: αλλ'   αυτα: add ανθρωπος
13 οτι γεγραπται: γεγραπται γαρ
14 ευλογιαν: επαγγελιαν

Ρ Ξ Γ

III. 17   τι σου   ος εστιν χ�myρς   τουτο δε λεγω διαθηκην
προκεκυρωμενην υπο του θ͞υ   ο μετα τετρα
κοσια και τριακοντα ετη   γεγονως νομος ου
κ ακυροι   εις το καταργησαι   την επαγγελιαν

18   ει γαρ δια νομου η κληρονομια   ουκ ετι εξ ε   5
παγγελιας τω δε αβρααμ δι επαγγελιας

19   κεχαρισται ο θ͞s   τι ουν ο νομος των πραξε
ων   αχρις ου   ελθη το σπερμα ω επηγγελται

20   διαταγεις αγγελων   εν χειρι μεσειτου   ο δε
μεσειτης ενος ουκ εστιν   ο δε θ͞s εις εστιν   10

21   ο ουν νομος κατα των επαγγελιων   μη γε
νοιτο   ει γαρ εδοθη νομος   ο δυναμενος
ζωοποιηθησεται   οντως εν νομω ην   αν

22   δικαιοσυνη αλλα συνεκλεισεν η γραφη τα
παντα ϋπο αμαρτιαν   ϊνα η επαγγελια   15
εκ πιστεως ι͞η͞υ χ͞υ δοθη τοις πιστευουσιν

23   προ του δε ελθειν την πιστιν   υπο νομον εφρου
ρουμεθα   συνκλειομενοι   εις την μελλουσαν

24   πιστιν αποκαλυφθηναι   ωστε ο νομος παιδα
[γ]ωγος ημων   εγενετο   εις χ͞ρ͞ν   ϊνα εκ πιστεως   20

25   [δι]καιωθωμεν   ελθουσης δε της πιστεως   ουκ ε

26   [τι υ]πο παιδαγωγον εσμεν   παντες γαρ υϊοι θ͞υ

27   [εστε] δια πιστεως χ͞ρ͞υ ι͞η͞υ   οσοι γαρ εις χ͞ρ͞ν   εβα

28   [πτισθ]ημεν χ͞ν ενεδυσασθε   ουκ ετι ϊουδαιος
[ουδε ελλ]ην [ο]υκ ετι δουλος   ουδε ελευθερος   25
[ουκ ενι αρσεν και θηλ]υ παντες ϋμεις εστε χ͞ρ͞υ

29   [ι͞η͞υ ει δε υμεις χ͞ρ͞υ αρα του] αβρα[αμ] σπερμ[α] εστε

IV. 1   [και κατ επαγγελιαν κληρονομοι λεγω δε εφ]
[οσον χρονον ο κληρονομος νηπιος εστιν]

2   [ουδεν διαφερει δουλου κ͞s παντων ων αλλα]   30

III. 16 εστιν: εστι
17 θ͞υ: add εις Χριστον   ετη: tr ante τετρακοσια
18 δια: εκ
19 των πραξεων: των παραβασεων χαριν προσετεθη   αγγελων: pr δι'
    μεσειτου: μεσιτου
20 μεσειτης: μεσιτης
21 επαγγελιων: add του Θεου   ζωοποιηθησεται: ζωοποιησαι   εν νομω
    ην αν: αν εκ νομου ην η
22 πιστευουσιν: πιστευουσι

23 συνκλειομενοι: συγκεκλεισμενοι
24 εγενετο: γεγονεν
26 πιστεως χ̅ρ̅υ̅: της πιστεως εν Χριστω
27 εβα[πτισθ]ημεν: εβαπτισθητε
28 ετι[1, 2]: ενι   πα̣ντες: add γαρ   ὑμε̣ις: add εις   χ̅ρ̅υ̅[1]: εν Χριστω

Ρ̅Ξ̅Δ̅

IV.   υπο επιτροπους εστιν και οικονομους αχρι
3   της προθεσμιας του π̅ρ̅ς̅ ουτως και ημεις οτε ημε̅
    νηπιοι υπο τα στοιχεια του κοσμου ημεθα δεδου
4   λωμενοι οτε δε ηλθεν το πληρωμα του χρονου
    εξαπεστειλεν ο θ̅ς̅ τον υ̅ι̅ν̅ αυτου γενομενον   5
5   εκ γυναικος γενομενον υπο νομον ἱνα τους υπο
    νομον εξαγοραση ἱνα την υιοθεσιαν απολαβω
6   μεν οτι δε εστε υἱοι εξαπεστειλεν ο θ̅ς̅ το π̅ν̅α̅
7   αυτου εις τας καρδιας ημων κραζον αββα ο π̅ρ̅ ωσ
    τε ουκ ετι ει δουλος αλλα υ̅ι̅ς̅ ει δε υ̅ι̅ς̅ και κληρονο   10
8   μος δια θ̅υ̅ αλλα τοτε μεν ουκ ειδοτες θ̅ν̅ εδουλευ
9   σατε τοις φυσει μη ουσι θεοις νυν δε γνοντες θ̅ν̅
    μαλλον δε γνωσθεντες ὑπο θ̅υ̅ πως επιστρεφετε
    παλιν επι τα ασθενη και πτωχια οις παλιν ανωθε̅
10 δουλευειν θελετε ημερας παρατηρουντες και μη   15
11 νας και καιρους και ενιαυτους φοβουμαι υμας μη
12 πως εικη εκοπι̇σα εις ὑμας γεινεσθε ως εγω οτι
    καγω ως ὑμεις αδελφοι δεομαι ὑμων ουδεν με
13 ηδικησατε οιδατε δε οτι δι ασθενειαν της σα̣[ρ]
14 κος ευηγγελισαμην ὑμειν το προτερον και το[ν]   20
    πειρασμον μου εν τη σαρκι μου ουκ εξουθεν[ησα]
    τε αλλα ως αγγελον θ̅υ̅ εδεξασθε με ως χ[ρ̅ν̅ ι̅η̅ν̅]
15 που ουν ο μακαρισμος ὑμων μαρτυρω γα̣[ρ υμιν]
    οτι ει δυνατον τους οφθαλμους ὑμων εξ[ορυξα]
16 τε εδωκατε μοι ωστε εχθρος υμω[ν γεγονα αλη]   25
17 θευω[ν] υ̣μειν ζη[λ]ουσιν υμα̣[ς ου καλως αλλα εκκλει]
18 σα̣ι [υμας] θελου[σιν ινα αυτους ζηλουτε καλον]
    [δε ζηλουσθαι εν καλω παντοτε και μη μονον]
    [εν τω παρειναι με προς υμας τεκνια μου ους]
19 [παλιν ωδινω αχρις ου μορφωθη χ̅ρ̅ς̅ εν υμιν]   30

IV. 11 εκοπι̇σα man 1: super ι scr α man 2
     16 υμεν man 1, superscr ι man 2

IV. 2 εστιν: εστι
3 ουτως: ουτω   ημεθα: ημεν
4 ηλθεν: ηλθε
6 π̄ν̄ᾱ: add του υιου ___ ημων: υμων
7 αλλα: αλλ'   δια θ̄ῡ: Θεου δια Χριστου
8 φυσει μη: tr
9 πτωχια: πτωχα στοιχεια
10 παρατηρουντες: παρατηρεισθε
11 εκοπιασα: κεκοπιακα
12 γεινεσθε: γινεσθε
13 ϋμειν: υμιν
14 μου[1]: add τον   αλλα: αλλ'; pr ουδε εξεπτυσατε
15 που: τις   εξ[ορυξα]τε: εξορυξαντες αν
16 υμειν: υμιν
18 [καλον δε]: add το

ΡΞΕ

IV. 20 ηθελον δε παρειναι προς ϋμας αρτι και αλ
λαξαι την φωνην μου οτι απορουμαι εν
21 υμειν λεγετε μοι οι ϋπο νομον θελοντες ει
22 ναι τον νομον ουκ ακουετε γεγραπται γαρ
οτι αβρααμ δυο υιους εσχεν ενα εκ της   5
23 παιδισκης και ενα εκ της ᵉλευθερας αλλ'
ο εκ της παιδισκης κατα σαρκα γεγενηται
24 ο δε της ελευθερας δι επαγγελιας α τινα
εστιν αληγορουμενα αυται γαρ εισιν δυο
διαθηκαι μια μεν απο ορους σεινα εις δου   10
25 λειαν γεννωσα ητις εστιν αγαρ το δε σεινα
ορος εστιν εν τη αραβια συνστοιχει δε τη
νυν ιερουσαλημ δουλευει γαρ μετα των
26 τεκνων αυτης η δε ανω ϊερουσαλημ
ελευθερα εστιν ητις εστιν μητηρ ημων   15
27 γεγραπται γαρ ευφρανθητι στειρα η ουκ τι
κτουσα ρηξον και βοησον η ουκ ωδεινου
σα οτι πολλα τα τεκνα της ερημου μαλλον
28 η της εχουσης τον ανδρα υμεις δε αδελφοι
29 [κ]ατα ϊσακ επαγγελιας τεκνα εστε αλ' ως   20
[π]ερ τοτε ο κατα σαρκα γεννηθεις εδιωκε
30 [τον] κατα π̄ν̄ᾱ ουτως και νυν αλλα τει λεγει
[η γρα]φη εκβαλε την παιδισκην και τον
[υιον αυτ]ης ου γαρ κληρονομησει ο υιος της
31 [παιδισκης μετ]α του υιου [τ]ης ελευθερας αρα   25

[αδελφοι ουκ εσμεν παιδι]σκης τεκν[α] αλλα

V. 1 [της ελευθερας τη ελευθερια ημας χρ̅ς̅ ηλ]ευ
[θερωσεν στηκετε ουν και μη παλιν ζυγω]

2 [δουλειας ενεχεσθε ιδε εγω παυλος λεγω]
[υμιν οτι εαν περιτεμνησθε χρ̅ς̅ υμας] 30

IV. 22 ελευθερας: ε¹ supra man 2

IV. 20 υμειν: υμιν
23 αλλ' ο: add μεν   γεγενηται: γεγεννηται   ο δε: add εκ   δι: δια της
24 αληγορουμενα: αλληγορουμενα   εισιν: add αι   σεινα: Σινα
25 δε: γαρ Αγαρ   σεινα: Σινα   συνστοιχει: συστοιχει   γαρ: δε
26 εστιν: εστι   ημων: pr παντων
27 ουκ¹: ου   ωδεινουσα: ωδινουσα
28 υμεις: ημεις   εστε: εσμεν   ϊσακ: 'Ισαακ
29 αλ': αλλ'   ουτως: ουτω
30 τει: τι   γαρ: add μη   κληρονομησει: κληρονομησῃ
V. 1 [ελευθερια]: add ουν ῃ   om ουν

PΞϚ

V. 3 ουδεν ωφελησει   μαρτυρομαι δε παλιν παντι αν̠
θρωπω περιτεμνομενω   οτι οφειλετης εστιν

4 ολον τον νομον ποιησαι   κατηργηθητε απο χ̅υ̅
οιτινες εν νομω   δικαιουσθε της χαριτος εξεπε

5 σατε ημεις γαρ π̅ν̅ι̅   εκ πιστεως ελπιδα δικαι 5

6 οσυνης εκδεχομεθα εν χ̅ρ̅ω̅   ι̅η̅υ̅   ουτε περιτομη τι
ϊσχυει   ουτε ακροβυστια   αλλα πιστις δι αγαπης ενερ

7 γουμενης ετρεχετε καλως τις ϋμας ενεκοψεν

8 τη αληθεια μη πειθεσθαι   η πισμονη   ουκ εκ του

9 καλουντος ϋμας   μικρα ζυμη   ολον φυραμα ζυμοι 10

10 εγω δε πεποιθα εις υμας εν κ̅ω̅   οτι ουδεν αλλο
φρονησητε   ο δε ταρασσων ϋμας   βαστασει το κρι

11 μα   οστις εαν η εγω δε   αδελφοι   ει περιτομην
ετι κηρυσσω   τι ετι διωκομαι   αρα κατηργηται

12 το σκανδαλον του σ̅τ̅ρ̅ου̅   αρα και αποκοψων 15

13 ται   οι αναστατουντες ϋμας ϋμεις γαρ επ ελευθε
ρια   εκληθητε αδελφοι   μονον μη την ελευθ[ερι]α̅
εις αφορμην τη σαρκι   αλλα δια της αγαπης δ[ου]

14 λευετε αλληλοις   ο γαρ πας νομος   εν ενι λογω
πεπληρωται   εν τω αγαπησαι τον πλησιον ω[ς] 20

15 εαυτον   ει δε αλληλους δακνετε και κατεσ̠[θι]
ετε   βλεπετε   μη ϋπ αλληλων αναλωθη[τε]

16 λεγω δε π̅ν̅ι̅ περιπατεισθε και επιθ[υμιαν σαρ]
17 κος ου μη τελεσητε η γαρ σαρξ επι[θυμει κατα]
        ΤΟ
 του π̅ν̅ς̅ το δε π̅ν̅α̅ κατα της σ[αρκος ταυτα]   25
 γαρ α[ντικ]ε[ιται αλλη]λο[ις ινα μη α αν θελη]
18 [τε ταυτα ποιητε ει δε π̅ν̅ι̅ αγεσθε ουκ εστε υ]
19 [πο νομον φανερα δε εστιν τα εργα της σαρκος]
20 [ατινα εστιν πορνεια ασελγεια ειδωλολα]
 [τρεια φαρμακεια εχθραι ερεις ζηλοι θυμοι]   30

V. 17 το δε π̅ν̅α̅: inter δε et π̅ν̅α̅ add supra το man 2

V. 4 χ̅υ̅: pr του
  5 εκδεχομεθα: απεκδεχομεθα
  6 εν: add γαρ ενεργουμενης: ενεργουμενη
  7 ενεκοψεν: ανεκοψε
  8 πισμονη: πεισμονη
  9 φυραμα: pr το
 10 δε[1]: om φρονησητε: φρονησετε εαν: αν
 12 αρα: οφελον αποκοψωνται: αποκοψονται
 14 πεπληρωται: πληρουται αγαπησαι: αγαπησεις πλησιον: add σου
 15 ϋπ: υπο
 16 περιπατεισθε: περιπατειτε
 17 γαρ: δε
 19 add μοιχεια et ακαθαρσια

Ρ̅Ξ̅Ζ̅

V. 21 εριθειαι διχοστασιαι αιρεσεις φθονοι
  μεθαι κωμοι και τα ομοια τουτοις α προλεγω
  ϋμειν καθως προειπον οτι οι τα τοιαυτα
  πρασσοντες βασιλειαν θ̅υ̅ ου κληρονομη
 22 σουσιν ο δε καρπος του π̅ν̅ς̅ εστιν αγαπη   5
  χαρα ειρηνη μακροθυμια χρηστοτης αγα
 23 θωσυνη πιστις πραυτης ενκρατεια κα
 24 τα των τοιουτων ουκ εστιν νομος οι δε του
  χ̅υ̅ την σαρκα εσταν συν τοις παθημασιν
 25 και ταις επιθυμιαις ει ζωμεν π̅ν̅ι̅ π̅ν̅ι̅   10
 26 στοιχωμεν μη γεινωμεθα κενοδοξοι αλ
  ληλους προκαλουμενοι αλληλοις φθονουν
VI. 1 τες αδελφοι εαν και προλημφθη ανθρωπος
  εν τινι παραπτωματι ϋμεις οι πνευματι
  κοι καταρτιζετε τον τοιουτον εν π̅ν̅ι̅   15
  πραυτητος σκοπων σεαυτον μη και συ
  2 πειρασθης αλληλων τα βαρη βασταζετε

[κ]αι ουτως αποπληρωσετε   τον νομον του χ̄ῡ

3 [ει]περ δοκει τις ειναι τι   μηδεν   ων φρενα

4 [π]ατα   εαυτον   το δε εργον   εαυτου δοκιμαζε   20

[τ]ω̣   και̣ τοτε εις αυτον μονον το καυχημα εξει

5 [ου]κ εις τον ετερον   εκαστος γαρ το ϊδιον φορ

6 [τιον β]αστασει   κοινωνειτω δε   ο καθηχουμε

[νος τον λ]ογον τω καθηχουντι   εν πασιν αγαθοις

7 [μη πλανασθ]ε θ̄σ̄   ου μυκτηριζεται   α γαρ εαν   25

8 [σπειρη ᾱν̄ο̄σ̄] τ̣αυτα και θεριϲει οτι ο σπει

[ρων . . . .]

At least four lines lost

lacuna, five leaves, Gal. VI. 8 to Phil. IV. 15

V. 21 φθονοι: add φονοι   ϋμειν: υμιν   καθωϲ: add και
   23 πραυτηϲ: πρᾳοτηϲ   ενκρατεια: εγκρατεια
   24 παθημασιν: παθημασι
   25 στοιχωμεν: pr και
   26 γεινωμεθα: γινωμεθα
VI. 1 προλημφθη: προληφθη   πραυτητοϲ: πρᾳοτητοϲ
    2 αποπληρωσετε: αναπληρωσατε
    3 [ει]περ: ει γαρ   φρενα[π]ατα εαυτον: tr
    4 δοκιμαζε[τ]ω: add εκαστος   αυτον: εαυτον   εξει: add και
    6 καθηχουμε[νοϲ]: κατηχουμενοϲ   καθηχουντι: κατηχουντι
    7 α: ο   τ̣αυτα: τουτο

[ΠΡΟΣ ΦΙΛΙΠΠΗΣΙΟΥΣ]

ΡΟ[Η]

IV. 14, 15 σαντες μου τη θλειψει οιδατε και υμ[εις] φ[ιλιππη]
σιοι οτι εν ερχη του ευαγγελιου οτε εξηλθον
απο μακεδονιας ουδεμια μοι εκκλησια εκοινω
νησεν εις λογον δοσεως και λημψεως ει μη υμεις

16 μονον οτι και εν θεσσαλονεικη και απαξ και   5

17 δις την χρειαν μοι επεμψατε ουχ οτι επιζητω
τον καρπον τον πλεοναζοντα εις λογον ῦμω̄

18 απεχω δε παντα και περισσευω πεπληρωμαι
δε δεξαμενος παρα επαφροδειτου τα παρ
ῦμων οσμη ευωδιας θυσιαν δεκτην ευαρε   10

19 στον τω θ̄ω̄ ο δε θ̄ς̄ μου πληρωσει πασαν χρειᾱ
υμων κατα το πλουτος αυτου εν δοξη εν χ̄ρ̄ω̄

20 ῑη̄ῡ τω δε θ̄ω̄ και π̄ρ̄ι ημων η δοξα εις τους αιω

21 νας των αιωνων αμην ασπασασθε παντα
αγιον εν χ̄ρ̄ω̄ ῑη̄ῡ ασπαζονται ῦμας οι συν   15

22 εμοι αδελφοι ασπαζονται υμας παντες οι αγιο[ι]

23 μαλιστα δε οι εκ της καισαρος οικιας η χα[ρις]
του κ̄ῡ ημων ῑη̄ῡ χ̄ρ̄ῡ μετα του π̄ν̄ς̄ υμων
αμην >—
στιΧ σκε   20

IV. 14 θλειψει: θλιψει
15 οιδατε: add δε   λημψεως: ληψεως   μονον: μονοι
16 θεσσαλονεικη: Θεσσαλονικη   την: εις την
17 επιζητω: add το δομα αλλ' επιζητω
18 δε²: om   επαφροδειτου: Επαφροδιτου   οσμη: οσμην
19 το πλουτος: τον πλουτον
23 του π̄ν̄ς̄: παντων

ΠΡΟΣ ΚΟΛΑΣΣΑΕΙΣ

I. 1 παυλος αποστολος χρυ ιηυ δια θελ[ηματος]

2 θυ και τειμοθεος ο αδελφο[s τοις εν κολασσαις]
αγ[ιοις και] πιστοις αδελφ[οις εν χρω χαρις]

3 [υμιν και ειρηνη απο θυ πρς ημων ευχαριστου]   25
[μεν τω θω και πρι του κυ ημων ιηυ χρυ παν]

4 [τοτε περι υμων προσευχομενοι ακουσαντες]
[την πιστιν υμων εν χρω ιηυ και την αγαπην]

5 [ην εχετε εις παντας τους αγιους δια την ελπι]
[δα την αποκειμενην υμιν εν τοις ουρανοις]

I. 1 χρυ ιηυ: tr   τειμοθεος: Τιμοθεος

[ΡΟΘ]

I. 5 [ην προηκουσατε] εν τω λογω της αληθειας

6 του ευαγγελιου του παροντος εις ϋμας κα
θως και εν παντι τω κοσμω εστι καρπο
φορουμενον και αυξανομενον καθως και
εν υμειν αφ ης ημερας ηκουσατε και επε   5

7 γνωτε την χαριν του θυ εν αληθεια κα
θως εμαθετε απο επαφρα του αγαπητου
συνδοᵘλου ημων ο εστιν πιστος ϋπερ

8 ημων διακονος του χρυ ο και δηλωσας ημεῖ

9 την ϋμων αγαπην εν πνι δια τουτο και   10
ημεις αφ ης ημερας ηκουσαμεν ου παυο
μεθα υπερ υμων προσευχομενοι και αι
τουμενοι ϊνα πληρωθητε την επιγνω
σιν του θεληματος αυτου εν παση σοφια και

10 συνεσει πνευματικη περιπατησαι   15
αξιως του κυ εις πασαν αρεσκειαν εν παν
[τ]ι εργω αγαθω καρποφορουντες και αυξα

11 [νο]μενοι τη επιγνωσει του θυ εν παση
[δυν]αμει δυναμουμενοι κατα το κρατος
[της δο]ξης αυτου εις πασαν υπομονην   20

12 [και μα]κροθυμιαν μετα χαρας και ευχαρι

III

[στουντ]ες αμα τω πατρι τω ϊκανωσαντι
[υμας εις την] μεριδα του κληρου των αγι
13 [ων εν τω φωτι] ος ερρυσατο ημας [εκ τη]ς   25
[εξουσιας του σκοτους και μετεστησεν]
[εις την βασιλειαν του υιου της αγαπης]
14 [αυτου εν ω εχομεν την απολυτρωσιν την]
15 [αφεσιν των αμαρτιων ος εστιν εικων του θ̄ῡ]
[του αορατου πρωτοτοκος πασης κτισεως]

I.   7   συνδολου man 1, corr υ supra

I.   6   κοσμω: add και   om και αυξανομενον   υμειν: υμιν
    7   καθως: add και   ο εστιν: ος εστι
    8   ημει: ημιν
   10   περιπατησαι: add υμας   πασαν: πασιν (per errorem?)   τη επιγνωσει:
       εις την επιγνωσιν
   12   om και¹   om αμα   [υμας]: ημας
   14   [απολυτρωσιν]: add δια του αιματος αυτου

[ΡΠ]

I. 16   οτι εν αυτω εκτισθη τα παντα εν [τοις ουρα]
νοις και επι της γης τα ορατα και τα αορα[τα]
ειτε θρονοι ειτε κυριοτητες ειτε αρχαι ει[τε]
εξουσιαι οτι παντα δι αυτου και εις αυτον
17 εκτισται και αυτος εστιν προ παντων και τα   5
18 παντα αυτω συνεστηκεν και αυτος εστιν
η κεφαλη του σωματος της εκκλησιας ο εστιν
η αρχη πρωτοτοκος των νεκρων ϊνα γενηται
19 εν πασιν αυτος πρωτευων οτι εν αυτω ευδο
20 κησεν παν το πληρωμα κατοικησαι και δι αυτου   10
αποκατααλλαξαι τα παντα εις αυτον ειρηνοποι
ησας δια του αιματος του σ̄τ̄ο̄ῡ δι αᵘτου ειτε τα ε[πι]
21 γης ειτε τα εν τοις ουρανοις και ϋμας ποτε οντ̣[ας]
απηλλοτριωμενους και εχθρους τη διανοια
εν τοις εργοις τοις πονηροις νυν δε αποκαταλ[λα]   15
22 γητε τω σωματι της σαρκος αυτου δια του θανα[του]
παραστησαι ϋμας αγιους και αμωμους και [ανεν]
23 κλητους κατενωπιον αυτου ειγε επιμεν[ετε τη]
πιστει τεθεμελιωμενοι και ε[δρ]αιο̣ι̣ μ[η μετακινη]
τοι απο της ελπιδος του ευαγγε[λιου ου ηκουσατε]
του κηρυχθεντος εν παση κτ[ισει τη υπο τον]   20

ουρανον ου εγενομην εγω π[αυλος διακονος]
24 νυν χαιρω εν τοις παθημα[σιν υπερ υμων]
και ανταναπληρων τα υϲτε[ρηματα των θλει]
[ψε]ω[ν] του χ̅ρ̅υ̅ σ[υ]ν̣ τη σαρ[κι μου υπερ του σωμα]   25
25 [τος αυτου ο εστιν η εκκλησια ης εγενομην]
[εγω διακονος κατα την οικονομιαν του θ̅υ̅]
[την δοθεισαν μοι εις υμας πληρωσαι τον λο]
26 [γον του θ̅υ̅ το μυστηριον το αποκεκρυμμενον]
[απο των αιωνων και απο των γενεων νυν]   30
27 [δε εφανερωθη τοις αγιος αυτου οις ηθελη]

I. 20 διατου man 1; corr δια αυτου man 2

I. 16 παντα: add τα   και¹: add τα   οτι: τα
17 εστιν: εστι   αυτω: pr εν   συνεστηκεν: συνεστηκε
18 ο: ος   η αρχη: αρχη   των: pr εκ
19 ευδοκησεν: ευδοκησε
20 αποκαταλλαξαι: αποκαταλλαξαι   δι αυτου: pr αυτου   γης: pr της
21 νυν: νυνι   αποκαταλ[λα]γητε: αποκατηλλαξεν εν
23 μ[η]: pr και   μετακινητοι: μετακινουμενοι   παση: add τη
24 ανταναπληρων: ανταναπληρω   θλει[ψε]ω[ν]: θλιψεων   σ[υ]ν̣: εν

[ΡΠΑ]

I.   [σεν ο θ̅ς̅ γνωρισα]ι τι το πλουτος του μυστη
[ριου τ]ουτου εν τοις εθνεσιν ο εστιν χ̅ς̅ εν
28 [υ]μειν η ελπις της δοξης ον ημεις καταγ
γελλοντες νουθετουνθες παντα ανθρω
πον και διδασκοντες παντα ανθρωπον   5
εν παση σοφια ινα παραστησωμεν παντα
29 ανθρωπον τελειον εν χ̅ρ̅ω̅ εις ο και κοπιω
αγωνιζομενος κατα την ενεργειαν αυ
του την ενεργουμενην εν εμοι εν δυνα
II. 1 μει θελω γαρ υμας ειδεναι ηλικον αγωνα   10
εχω υπερ υμων και των εν λαοδικεια
και οσοι ουχ εορακαν μου το προσωπον μου
2 εν σαρκι ινα παρακληθωσιν αι καρδιαι αυ
των συνβιβασθεντες εν αγαπη και εις παν
πλουτος της πληροφοριας της συνεσεως   15
εις επιγνωσιν του μυστηριου του θ̅υ̅ χ̅ρ̅υ̅
3 [ε]ν ω εισιν παντες οι θησαυροι της σοφιας και
4 [γνω]σεως αποκρυφοι τουτο λεγω ινα μη

[δεις] ημας παραλογισηται εν πιθανολογια

5 [ει γαρ και τη] σαρκι απειμι αλλα τω π̅ν̅ι̅   20
    [συν υμιν ει]μι χαιρων και βλεπων ὑμων
    [την ταξιν κ]αι το στερεωμα της εις χ̅ρ̅ν̅

6 [πιστεως υμων] ως ουν παρελαβετε τον
    [χ̅ρ̅ν̅ ι̅η̅ν̅ τον κ̅]ν̅ εν αυτω περιπατειτε

7 [ερριζωμενοι και] εποικοδομουμενοι   25
    [εν αυτω και βεβαι]ου[μ]εν[οι τη πιστει]
    [καθως εδιδαχθητε περισσευοντες εν]

8 [αυτη εν ευχαριστια βλεπετε μητις υμας]
    [εσται ο συλαγωγων δια της φιλοσοφι]
    [ας και κενης απατης κατα την παραδο]   30
    [σιν των ανθρωπων κατα τα στοιχεια του]

I. 28 νουθετουνθες man 1, corr νουθετουντες man 2

I. 27 τι το: τις ο   πλουτος: add της δοξης   ο εστιν: ος εστι   [υ]μειν:
    υμιν
   28 καταγγελλοντες: καταγγελλομεν   χ̅ρ̅ω̅: add Ιησου

II. 1 εορακαν: εωρακασι   om μου[1]
   2 συνβιβασθεντες: συμβιβασθεντων   παν πλουτος: παντα πλουτον   θ̅υ̅:
    add και πατρος και του
   3 εισιν: εισι   [γνω]σεως: pr της
   4 τουτο: add δε   μη[δεις]: μητις   ημας: υμας   παραλογισηται: παρα-
    λογιζηται
   7 [τη πιστει]: pr εν

[ΡΠΒ]

II. 8, 9 κοσμου και ου κατα χ̅ρ̅ν̅ οτι εν αυτω κατ̣[οικει παν]
   10 το πληρωμα της θεοτητος σωματικως [και ε]
    σται εν αυτω πεπληρωμενοι ο εστιν η κεφ[α]
   11 λη πασης αρχης και εξουσιας εν ω και περι
    τμηθητε περιτομη αχειροποιητω εν τη   5
    απεκδυσει του σωματος της σαρκος εν τη περι
   12 τομη του χ̅ρ̅υ̅ συνταφεντες αυτω εν τω βαπτισ
    μω εν ὡ και συνηγερθητε δια της πιστεως της
    ενεργειας του θ̅υ̅ του εγειραντος αυτον εκ νεκρ[ων]
   13 και υμας νεκρους οντας εν τοις παραπτωμασιν   10
    και τη ακροβυστια της σαρκος ὑμων συνεζω[ο]
    ποιησεν ημας εν αυτω χαρισαμενος ημειν τα π[αρα]
   14 πτωματα παντα εξαλειψας το καθ ημων χει[ρο]
    γραφον τοις δογμασιν ο ην ὑπεναντιον η[μιν]
    και αυτο ηρκε εκ του μεσου προσηλωσας αυτο τ[ω]   15

15 σ̅τ̅ρ̅ω̅ απεκδυσαμενος τας αρχας και τας εξ[ουσι]
   ας και εδιγματισεν εν παρρησια θριαμβευσα[s αυ]

16 τους εν αυτω μη ουν τις ϋμας κρινετω εν β[ρω]
   σει και εν ποσει η εν μερει εορτης η ν[ουμη]

17 νιας η σαββατων α̅ εστιν σκεια των [μελλοντων]   20

18 το δε σωμα χ̅ρ̅υ̅ μηδεις ϋμας καταβρα[βευετω θε]
   λων εν ταπεινοφροσυνη και θρησ[κεια των]
   αγγελων α εωρακεν εμβαδευ[ων εικη φυσι]

19 ουμενος υπο του νοος της σα[ρκος αυτου και]
   ου κρατων την κεφαλην εξ [ου παν το σωμα]   25
   [δια των] αφων και συνδε[σμων επιχορηγου]
   [μενον και συνβιβαζομενον αυξει την αυ]

20 [ξησιν του θ̅υ̅ ει απεθανετε συν χ̅ρ̅ω̅ απο των]
   [στοιχειων του κοσμου τι ως ζωντες εν κοσ]

21 [μω δογματιζεσθε μη αψη μηδε γευση μηδε]   30

22 [θιγης α εστιν παντα εις φθοραν τη αποχρη]
   [σει κατα τα ενταλματα και διδασκαλιας]

II. 10 εσται: εστε   ο: os
11 περιτμηθητε: περιετμηθητε   σωματος: add των αμαρτιων
12 νεκρ[ων]: pr των
13 παραπτωμασιν: παραπτωμασι   συνεζω[ο]ποιησεν: συνεζωοποιησε ημας
    εν αυτω: συν αυτω   ημειν: ημιν   τα π[αρα]πτωματα παντα: tr
14 ηρκε: ηρκεν
15 om και²   εδιγματισεν: εδειγματισεν
16 και: η
17 εστιν σκεια: εστι σκια   χ̅ρ̅υ̅: pr του
18 α: add μη   εμβαδευ[ων: εμβατευων
20 [ει]: add ουν   χ̅ρ̅ω̅: pr τω

[ΡΠΓ]

II. 23 [των ανθρωπων ατι]να εστιν λογον μεν
        [εχοντα σοφιας εν ε]θ[ε]λοενθρησκεια και
        [ταπε]ινοφροσυνη αφιδια σωματος ουκ εν
        [τι]μη τινι προς πλησμονην της σαρκος

III. 1, 2 ει ουν συνηγερθητε τω χ̅ω̅ τα ανω φρονει   5

3 τε μη τα επι της γης απεθανετε γαρ και η
   ζωη ϋμων κεκρυπται συν τω χ̅ρ̅ω̅ εν τω

4 θ̅ω̅ οταν ο χ̅ρ̅s φανερωθη η ζωη ϋμων
   τοτε και ϋμεις συν αυτω φανερωθησεσθε

5 εν δοξη νεκρωσατε ουν τα μελη τα επι   10
   της γης πορνειαν ακαθαρσιαν παθος

ε̣πιθυμιαν και την πλεονεξιαν ητις εστι̅

6 ειδωλολατρια δια ταυτα γαρ ερχεται η οργη

7 του θ̅υ̅ εν οις και υμεις περιεπατησατε

8 π̣ο̣τ̣ε οτε εζητε εν τουτοις νυνι δε απο   15
   [θεσ]θε και ὕμεις τα παντα οργην θυμον
   [κακι]α̣ν βλασφημιαν αισχρολογιαν εκ του

9 [στοματο]s ὕμων μη ψευδησθε εις αλλη
   [λους] απεκδυσαμενοι τον παλαιον αν

10 [θρωπο]ν συν ταις πραξεσιν αυτου και   20
   [ενδυσα]μενοι τ[ον] νεον τον ανακαι
   [νουμεν]ον εις επιγνωσιν κατ εικονα

11 [του κτισαντος αυ]τ̣ο̣ν̣· οπου ουκ ε̣ν̣ι̣ ελλην
   [και ιουδαιος περ]ιτομη και ακρο[βυ]στια
   [βαρβαρος σκ]υ̣θ̣η̣ς̣ δουλο[s ελευθερος]   25

lacuna, one leaf, III. 11 to IV. 16

II. 23 εστιν: εστι   ε]θ[ε]λοενθρησκεια: εθελοθρησκεια   α̣φιδια: και αφειδια
III. 1   ανω: add ζητειτε ου ο Χριστος εστιν εν δεξια του Θεου καθημενος τα ανω
      5   μελη: add υμων   επιθυμιαν: add κακην   ειδωλολατρια: ειδωλολα-
          τρεια
      6   δια ταυτα γαρ: δι' α   θ̅υ̅: add επι τους υιους της απειθειας
      8   τουτοις: αυτοις

[ΡΠϚ]

IV. 16 [αν]αγνω[σθη και την εκ λαοδικιας ινα και]
     17 [υμ]εις ανα[γνωτε και ειπατε αρχιππω βλεπε]
         [τη]ν διακονιαν [ην παρελαβες εν κ̅ω̅ ινα αυτην]
     18 [πλ]ηροις ο ασπ[ασμος τη εμη χειρι παυλου μνη]
         [μο]νευετε μου τ[ων δεσμων η χαρις μεθ υμων]   5

I. 1 [πα]υλος και σ[ιλουανος και τιμοθεος τη εκκλησια]
       [θε]σσαλονεικε[ων εν θ̄ω̄ π̄ρ̄ι και κ̄ω̄ ῑη̄ῡ χ̄ρ̄ω̄ χαρις]
       [υ]μειν και ειρ[ηνη . . . .]

I. 1 [θε]σσαλονεικε[ων: θεσσαλονικεων   [υ]μειν: υμιν

[ΡΠΖ]

I. 9   ] απαγ
       [γελλουσιν οποιαν εισοδον εσχομεν] π̣ρ̣ο̣ς υμας
       [και πως επεστρεψατε προς το]ν θ̄ν απο τω[ν]
       [ειδωλων δουλευειν θ̄ω̄] ζωντι και
   10 [αληθινω και αναμενειν το]ν ῡῑν αυτο[υ]   5
       [εκ των ουρανων ον ηγειρεν εκ των νε]κρων ῑη̄ν
       [τον ρυομενον ημας εκ της οργ]ης της ερχομ[ε

II. 1 [νης αυτοι γαρ οιδατε αδελφοι τ]ην εισοδον [ημω̄]
     2 [την προς υμας οτι ου κενη γεγο]νεν αλλα π[ρο]
       [παθοντες και υβρισθεντες καθ]ως οιδατε ε[ν]   10
       [φιλιπποις επαρρησιασαμεθα ε]ν τω θ̄ω̄ ημ[ων]
       [λαλησαι προς υμας το ευαγγε]λιον του θ̄ῡ [εν]
     3 [πολλω αγωνι η γαρ παρακλ]ησις ημων
       [. . . . .]

         lacuna, two leaves, II. 3 to V. 5

II. 2 αλλα: add και

[ΡϘΒ]

top of col.

V. 5 παν[τες γαρ υμεις υιοι φωτος εστε και υιοι ημερας]
     6 ουκ εσ̣μ̣ε̣ν̣ [νυκτος ουδε σκοτους αρα ουν μη καθευ]
       δωμεν ω[s οι λοιποι αλλα γρηγορωμεν και νη]
     7 ψωμεν ο[ι γαρ καθευδοντες νυκτος καθευδουσιν]
     8 και οι μεθ[υσκομενοι νυκτος μεθυουσιν ημεις]   5
       δε ημερα[s οντες νηφωμεν ενδυσαμενοι θω]
       ρακα π[ιστεως και αγαπης και περικεφαλαιαν]
     9 ελπιδ[α σωτηριας οτι ουκ εθετο ημας ο θ̄s εις]
       οργη[ν . . . .]

V. 5 om [γαρ]
     6 ω[s]: add και

117

[ΡϘΓ]

top of col.

V. 23　　　　　　　　　　　　　　　ɛν τη πα]ρου[σια

24　[του κ̄ῡ ημων ῑη̄ῡ χ̄ρ̄ῡ τηρηθειη πιστος ο κ]α̣λ̣ω̣ν

25　[υμας ος και ποιησει αδελφοι προ]σευχεσθε

26　[περι ημων ασπασασθε τους αδε]λφους παν

27　[τας ɛν φιληματι αγιω] ɛνορκιζω　　　　　　　　　5
　　[υμας τον κ̄ῡ αναγνωσθηναι τη]ν ɛπιστολη̄

28　[πασιν τοις αγιοις αδελφοις η] χαρις τ̣[ου]
　　[κ̄ῡ ημων ῑη̄ῡ χ̄ρ̄ῡ μεθ υμων]

V. 27　ɛνορκιζω: ορκιζω

WORD INDEX

ONLY those words and forms that do not occur in the *Concordance to the New Testament* by Moulton and Geden are given below. Additions of the article and καί are not listed, nor are slight orthographic variations, such as the use of ν movable, interchange of ι and ει, αι and ε, ο and ω, ρ and ρρ, ν and νν, and cases of assimilation or non-assimilation. Interchanges of ἀλλά and ἀλλ᾽ are disregarded, but αλ᾽ is listed. When a word occurs twice in a single verse in P⁴⁶ and but once in the *Concordance*, it is included here with *bis* added. References are to chapter and verse of the different Epistles arranged in the order of the Papyrus.

ἀγαπάω
  αγαπησαι Gal. V, 14
  αγαπων II Cor. XII, 15
ἅγιος
  των αγιων Rom. XV, 31
  αγιοις Eph. VI, 23
ἀδελφός
  αδελφοι Rom. XV, 15
αἷμα
  αιματος Hebr. IX, 22
αἰώνιος
  αιωνια Hebr. IX, 12
ἀκούω
  ακουσωνται Rom. X, 14
ἀκροθίνιον
  ακροτινιων Hebr. VII, 4
ἀλλά
  αλλα I Cor. II, 4
  αλ᾽ Eph. II, 19
  αλ Eph. IV, 29
  αλ Eph. V, 27
  αλ᾽ Gal. IV, 29
ἄλλος
  αλλων Rom. XVI, 2
ἅμα
  αμα Col. I, 12
ἁμαρτία
  αμαρτι Rom. VI, 14
ἀμήν
  αμην Phil. IV, 23

ἀναβαίνω
  ναβας Eph. IV, 10
ἀναγκάζω
  αναγκαζετε II Cor. XII, 11
ἀναμιμνήσκω
  αναμινησκων Rom. XV, 15
ἀνασταυρόω
  αναστ(αυ)ρ(ουντ)ες Hebr. VI, 6
ἀνθίστημι
  ανθεστηκοντες Rom. XIII, 2
ἀνίστημι
  νισταναμενος Rom. XV, 12
  ανιστασθαι Hebr. VII, 15
ἀνταναπληρόω
  ανταναπληρων Col. I, 24
᾽Αουλία
  αουλιαν Rom. XVI, 15
ἀπάγομαι
  απηχθη Gal. II, 13
ἅπαξ
  απαξ Hebr. VII, 27
ἀπέρχομαι
  απηλθα Gal. I, 17
ἀπιστέω
  απιστησασιν Hebr. III, 18
ἀπιστία
  απιστιαν Hebr. IV, 6
  απιστιας Hebr. IV, 11
ἀπό
  απο Rom. XV, 24
  απ Rom. XVI, 5

ἀποβάλλω
  αποβαλωμεθα Rom. XIII, 12
ἀποκαταλλάσσω
  αποκατααλλαξαι Col. I, 20
  αποκαταλ[λα]γητε Col. I, 21
ἀποκόπτω
  αποκοψωνται Gal. V, 12
ἀποπληρόω
  αποπληρωσετε Gal. VI, 2
ἆρα
  αρα Gal. IV, 31
  αρα Gal. V, 12
ἀρχή
  αρχης Rom. XVI, 5
ἀσεβής
  ασεβεις Rom. XI, 26
αὐξάνω
  αυξησαι II Cor. IX, 10
αὐτός
  αυτα Rom. X, 5
  αυτοις Rom. X, 5
  αυτου Rom. XV, 19
  αυτου Hebr. I, 3
  αυτην Hebr. V, 3
  αυτου Hebr. V, 3
  αυτω Hebr. VII, 2
  αυτος Hebr. IX, 25
  αυτῶ I Cor. II, 8
  αυτο Eph. VI, 20
αὐτοῦ
  αυτον Gal. I, 4
  αυτον Gal. VI, 4

βαπτίζω
  εβα[πτισθ]ημεν Gal. III, 27
βαπτισμός
  βαπτισμω Col. II, 12
βαρέω
  εβαρησα II Cor. XII, 16
Βαρνάβας
  βαρναβας Gal. II, 1
Βηρεύς
  βηρεα Rom. XVI, 15
βίβλος
  βιβλω Gal. III, 10

γάρ
  γαρ Rom. VI, 8
  γαρ Hebr. VIII, 2
  γρα m. 1 Hebr. VIII, 5
γίνομαι
  γεγονεν Rom. XVI, 7
  γεινεσθαι Hebr. VII, 12
  γεναμενων Hebr. IX, 11
  εγενετο Gal. III, 24
γινώσκω
  εγνω I Cor. II, 8
  εγνωκεν I Cor. II, 11
γράφω
  γεγραπται Rom. X, 16

δέ
  δε Hebr. IX, 19
  δε bis Gal. V, 10
  δε bis Phil. IV, 18
δείκνυμι
  δεικνυσθαι Hebr. VI, 11
δεκάτη
  δεκαδας Hebr. VII, 8
διά
  δι Hebr. I, 3
  δι Hebr. V, 3
  δια Gal. III, 18
  δια Col. III, 6
διακονέω
  διακονησαι Rom. XV, 25
δίδωμι
  δεδωκεν Eph. IV, 11
διχοστασία
  διχοστασιαι I Cor. III, 3
δόμα
  δομα Eph. IV, 8
δύναμαι
  δυνητε Eph. VI, 13

ἐάν
  εαν Rom. IX, 26
  εαν Rom. X, 13
  εαν Rom. XVI, 2
ἐάνπερ
  εανπερ Hebr. III, 6

ἑαυτοῦ
  εαυτων II Cor. X, 7
  εαυτον Gal. V, 14
ἐγώ
  ημων Rom. XIII, 14
  ημων m. 2 Hebr. I, 1
  μὀυ Hebr. III, 7
  ημας II Cor. IX, 14
  ημων Eph. I, 15
  ημας m. 1 Eph. I, 18
  ημων bis Eph. III, 13
  μου bis Eph. IV, 14
  ημας Eph. V, 2
  μου bis Gal. IV, 14
  μου bis Col. II, 1
  ημας Col. II, 4
ἐθελοθρησκία
  [ε]θ[ε]λοενθρησκεια Col. II, 23
εἰ
  ει II Cor. IX, 11
εἶδον
  ειδοτες Gal. II, 7
εἰμί
  ην Rom. XV, 16
  ει Hebr. V, 6
  ει Hebr. V, 10
  ει Hebr. VII, 17
  ει Hebr. VII, 21
  οντες Gal. II, 15
  ημεθα Gal. IV, 3
εἴπερ
  [ει]περ Gal. VI, 3
ἐκ
  εκ Hebr. VII, 14
ἐκδέχομαι
  εκδεχομεθα Gal. V, 5
ἐκφεύγω
  εκφευξωμε[θα] Hebr. II, 3
*ἐκχυσία
  εκχυσιας Hebr. IX, 22
ἐλάχιστος
  ελαχιστερω Eph. III, 8
ἐλέγχω
  ελλεγχετε Eph. V, 11

ἐλεέω
  ηλεησεν Eph. II, 4
ἐμβατεύω
  εμβαδευ[ων Col. II, 18
ἐν
  εν Rom. X, 16
  εν quater I Cor. II, 3
  εν II Cor. XIII, 4
  ἐν m. 1 Eph. II, 12
  εν bis Eph. V, 19
  εν Col. II, 13
ἐνέργεια
  ενεργειας Eph. IV, 16
ἐνεργέω
  εργουντος Eph. II, 2
  ενεργουμενης Gal. V, 6
ἐξορύσσω
  εξ[ορυξα]τε Gal. IV, 15
*ἐπευξ
  επευξ Hebr. V, 6
ἐπικαλέω
  επικαλεσονται Rom. X, 14
ἐπιμένω
  απιμε[ι]ν[ης Rom. XI, 22
ἔρχομαι
  [η]λθον Gal. I, 17
  ηλθεν Gal. II, 12
ἐσθίω
  εσθειετω Rom. XIV, 2
  εσθοντα Rom. XIV, 3
ἔτι
  ετι bis Gal. III, 28
εὐαγγελίζομαι
  ευαγγελισωμαι Gal. I, 16
εὐδοκέω
  ευδοκησεν Rom. XV, 26
εὐλογία
  ευλογιαν Gal. III, 14
εὑρίσκω
  ευρεθωμεν Gal. II, 17
εὐχαριστία
  ευχαριστιαν II Cor. IX, 12
ἔχω
  εχειν Rom. XV, 23
  εχουσα Eph. V, 27

ἕως
  εως αν Rom. XV, 24

ζάω
  ζησωμεν Rom. VI, 2
  [ζω]ντες Rom. VI, 13
  ζων II Cor. XIII, 4
ζωοποιέω
  ζωοποιηθησεται Gal. III, 21

ἤ
  η bis Rom. XIV, 4
  η bis Rom. XVI, 17
'Ησαίας
  τω ησαια Rom. X, 16
ἤτοι
  ητοι Rom. XII, 7

θέλω
  [θελων] II Cor. XI, 32
  θελω II Cor. XII, 6
θεμέλιος
  θεμελιοτ[η]τα Hebr. VI, 1
Θεός
  του θ(εο)υ Eph. III, 7
  θ(εο)υ Gal. II, 5

ἵνα
  ιν Eph. IV, 28
'Ιουλία, see 'Αουλία

καθαίρω
  καθαιροντες II Cor. X, 5
καθίστημι
  [κατε]στησαν Rom. V, 19
καθώς
  καθως Rom. X, 16
  καθως Rom. XI, 8
καλέω
  κληθησονται bis Rom. IX, 26
  εκληθη Eph. IV, 4
κατά
  κατ Rom. XII, 5
  καθε Hebr. VI, 13
  κατ Gal. I, 11
  καθ Gal. II, 2

καταγγέλλω
  καταγγελλοντες Col. I, 28
καταδουλόω
  καταδουλωσωσιν Gal. II, 4
καταλαμβάνω
  καταλαμβανεσθαι Eph. III, 18
κατηχέω
  καθηχουμε[νος] Gal. VI, 6
  καθηχουντι Gal. VI, 6
καυχάομαι
  καυχησομαι II Cor. XII, 6
κληρονομία
  την κληρονομιαν Rom. XI, 1
κοινός
  κοινον Eph. II, 15
κοπιάω
  [κο]πιουσας Rom. XVI, 12
  εκοπισα m. 1 Gal. IV, 11
  εκοπιασα m. 2 Gal. IV, 11
κρυφῇ
  κρυβη Eph. V, 12
κτίσις
  κτισις Rom. XI, 29
Κύριος
  τω κ(υρι)ω bis Eph. III, 11

λαμβάνω
  ελαβομεν Hebr. VI, 9
λέγω
  ελεγεν m. 2 Rom. IX, 25
  λεγοντας Rom. XVI, 17

Μαριάμ
  μαριαμ Rom. XVI, 6
μεθοδία
  μεθοδιας Eph. VI, 12
μετά
  μετ Hebr. VII, 21
  μεθ Hebr. IX, 19
μετάθεσις
  μεταθεσιν Hebr. VII, 12
μετακινητός
  μετακινητοι Col. I, 23
μετέχω
  μετεσχεν Hebr. VII, 13

πάσχω
   πασχομεν Rom. VIII, 17
πένης
   πενεσιν II Cor. IX, 9
περί
   περι Hebr. V, 1
περιπατέω
   επεριεπατησατε Eph. II, 2
   περιπατητε Eph. V, 15
   περιπατεισθε Gal. V, 16
περιτέμνω
   περιτμηθητε Col. II, 11
Πέτρος
   πετρος Gal. II, 9
πλοῦτος
   το πλουτος Rom. IX, 23
πνεῦμα
   πν(ευματο)ς Eph. V, 9
ποιέω
   ποιουντας bis Rom. XVI, 17
   ποιη Eph. VI, 8
πολλάκις
   πολλακις Rom. XV, 22
πολύς
   πολλων Rom. XV, 23
   πολλα Hebr. IX, 26
πορεύομαι
   πορευομενος Rom. XV, 24
ποτέ
   ποτ' Gal. II, 6
πρᾶξις
   των πραξεων Gal. III, 19
προγινώσκω
   προεγνω Rom. XI, 1
προκόπτω
   επροεκοπτον Gal. I, 14
προσέχω
   προσεσχεν Hebr. VII, 13
πρόσωπον
   προσωπου m. 1 Hebr. IX, 24
προφητεία
   προφητεια Rom. XII, 6
πτωχός
   πτωχια Gal. IV, 9

πώρωσις
   πορωσις Rom. XI, 25
   πορρωσιν Eph. IV, 18

ῥῆμα
   ρηματος Hebr. VI, 5

Σαμουήλ
   σαμουηλ Hebr. VII, 1
   σαμουηλ Hebr. VII, 2
σάρκινος
   σαρκινοι I Cor. III, 3
σάρξ
   σαρκαν Eph. V, 31
σύ
   υμων Rom. XVI, 1
   συ Hebr. V, 10
συγγενής
   συγγενη Rom. XVI, 11
σύν
   σ[υ]ν Col. I, 24
συνάγω
   συναγομενοι Rom. XII, 16
συνζωοποιέω
   συνεζωποιησεν Eph. II, 5
συνίστημι
   συνισταντων II Cor. X, 12
σώζω
   σωζει Hebr. VII, 25
σῶμα
   σωμασιν Eph. II, 5

ταπεινόω
   ταπεινωσει II Cor. XII, 21
τέ
   τε Rom. XV, 19
   τ[ε] Rom. XV, 29
   τε Hebr. IX, 21
   τε II Cor. X, 2
τίς
   τις bis Hebr. II, 6
   τις bis I Cor. III, 5
   τι II Cor. XII, 6
   τις II Cor. IX, 11
   τι II Cor. XII, 11

τινα Gal. II, 12
τι Gal. III, 10
τοσοῦτος
τοσουτων Hebr. I, 4

ὑπό
ὑπο Rom. XV, 15
ὑποτάσσω
υποτασσεσθε Rom. XIII, 1
ὑστερέω
υστερηκα II Cor. XII, 11

φιλοτιμέομαι
φιλοτειμουμαι Rom. XV, 20
φρονέω
φρονησητε Gal. V, 10

χάρις
χαρις bis Rom. XI, 6
χαριτόω
εχαριστωσεν Eph. I, 6
Χριστός
ο χρ(ιστο)s II Cor. X, 7
χρ(ιστο)υ Eph. IV, 15
χρ(ιστο)υ Eph. V, 17
χρ(ιστο)υ Gal. II, 20
χρ(ιστο)υ Gal. III, 28

ψεύδομαι
ψευδησθε Col. III, 9

'Ωσηέ
ωση Rom. IX, 25

GENERAL INDEX

www.ingramcontent.com/pod-product-compliance
Lightning Source LLC
Chambersburg PA
CBHW060356090426
42734CB00011B/2147